Liebhaberausgabe

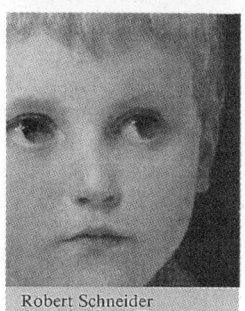

Gebundene Ausgabe

Taschenbuchausgabe

1992 erschien Robert Schneiders Debütroman *Schlafes Bruder*, ein Buch, dessen Erfolgsspur in der deutschsprachigen Gegenwartsliteratur fast ohne Beispiel ist. Martin Doerrys Prognose im ›Spiegel‹ – »Dieser Roman wird wie eine Droge wirken« – hat sich längst bewahrheitet. Hunderttausende von Lesern in der ganzen Welt ließen sich von der Geschichte Johannes Elias Alders packen: »Die Sprache fängt mich ein, sie zündet meine Phantasie, weckt meinen Verstand, reizt meine Sinne ... Diese Sprache zwingt mich, Bilder zu entwerfen von Landschaften, die ich nicht kannte und jetzt kenne, zwingt mich, Leidenschaften nachzuempfinden, derer ich noch nicht gewärtig war.« (August Everding)

Dieser Materialienband versammelt Essays und Untersuchungen sowie ausgewählte Rezensionen des Romans und der Verfilmung von Joseph Vilsmaier.

Über »Schlafes Bruder«

Materialien zu Robert Schneiders Roman

Herausgegeben von Rainer Moritz

RECLAM VERLAG LEIPZIG

Mit 19 Abbildungen

ISBN 3-379-01559-8

© Reclam Verlag Leipzig 1996

Reclam-Bibliothek Band 1559
1. Auflage, 1996
Reihengestaltung: Hans Peter Willberg
Umschlaggestaltung: Matthias Gubig unter Verwendung von:
Albert Anker, Brustbild eines Knaben (Walter Stucki).
Um 1896 (Ausschnitt)
Gesetzt aus Meridien
Satz: Satz Repro Grafik, Leipzig
Druck und Binden: Ebner Ulm
Printed in Germany

Inhalt

Zu diesem Buch

Als im August 1992 Robert Schneiders Debüt *Schlafes Bruder* erschien, dachte niemand daran, was für eine unendliche Erfolgsgeschichte dieses Buch schreiben würde. Inzwischen ist der Roman Teil der deutschen Buchhandels- und Literaturgeschichte. Germanisten und Essayisten befassen sich mit ihm, und an vielen Gymnasien und Volkshochschulen ist *Schlafes Bruder* Kursgegenstand geworden.

Der vorliegende Materialienband will den vielen Leserinnen und Lesern eine intensive Auseinandersetzung mit diesem vielschichtigen Buch erleichtern. Er dokumentiert anhand der wichtigsten Rezensionen die Aufnahme durch die Kritik, versucht, Bezüge zur Gegenwartsliteratur und zur Tradition aufzuzeigen, bietet Feinanalysen, die sich beispielsweise mit den theologischen oder musikalischen Motiven und Themen befassen, und referiert die Rezeption im Ausland.[1]

Joseph Vilsmaiers Verfilmung, im Frühherbst 1995 in die Kinos gekommen, sorgte dafür, daß der Roman zum Tagesgespräch wurde. Drei unterschiedlich argumentierende Besprechungen sollen den Film und dessen umstrittene Umsetzung der Vorlage zumindest skizzieren. Eine Kurzvita Robert Schneiders und ein ungewöhnliches Rezeptionsdokument beschließen den Band.

Deutschsprachige Gegenwartsliteratur, der es gelingt, in den Sellerhitparaden mit Rosamunde Pilcher, Ken Follett oder Hera Lind zu konkurrieren, erregt nicht selten Argwohn und verleitet Literaturwissenschaftler und Kritiker im nachhinein dazu, die Nase zu rümpfen und das Objekt

---

1 Nachgewiesene Zitate aus *Schlafes Bruder* werden in diesem Band nach der Taschenbuchausgabe (Kürzel: SB) geführt.

des Erfolges zu ignorieren. Auch um dem entgegenzuwirken, ist dieser Materialienband entstanden. Er signalisiert, daß *Schlafes Bruder* nicht nur die Lektüre, sondern auch die Analyse lohnt.

Leipzig, im Januar 1996   *R. M.*

I Einleitung

RAINER MORITZ

Nichts Halbherziges
Schlafes Bruder: das (Un-)Erklärliche eines Erfolges

Frankfurter Buchmesse 1995: Zwei Damen, Mitte Fünfzig, halten vor dem Reclam-Stand inne; ihr Blick fällt auf die im Display gestapelte Taschenbuchausgabe von Robert Schneiders Roman *Schlafes Bruder*. Plötzlich bemerkt die eine: »Du, guck mal, da liegt *Schlafes Bruder*. Das ist wie bei dem *Parfum* von dem Süskind. Der eine riecht so gut, und der da hört so gut.«

Kürzer und prägnanter lassen sich zwei Bestseller kaum vorstellen. Patrick Süskinds *Das Parfum* (1985) und Robert Schneiders *Schlafes Bruder* sind unbestritten die größten Verkaufserfolge, die die deutschsprachige Gegenwartsliteratur, sofern sie künstlerische Ambitionen verfolgt, in den letzten zehn bis fünfzehn Jahren hervorgebracht hat. Während ausländische Titel von Umberto Eco über John Irving bis zu Peter Høeg die Spitzenpositionen der Sellerlisten dominieren, tut sich die deutsche Literatur schwer, ihr schlechtes Image abzustreifen: Sie gilt als kopflastig, als »langweilig« (um die beliebte Totschlagvokabel des Fernsehkritikers Marcel Reich-Ranicki zu zitieren) und als denkbar ungeeignet, »Leselust«[1] zu erwecken. Wie nun ist es, unter solch ungünstigen Be-

---

1 Vgl. Uwe Wittstock: Leselust. Wie unterhaltsam ist die neue deutsche Literatur? München: Luchterhand, 1995.

dingungen, Robert Schneiders Roman gelungen, Abertausende von Lesern anzuziehen und mühelos das Interesse ausländischer Verlage auf sich zu ziehen? Bis Ende 1995 erreichte die im August '94 erschienene Taschenbuchausgabe 14 Auflagen und einen Absatz von über 600.000 Exemplaren. Das Hardcover wurde, in acht Auflagen, etwa 100.000mal verkauft, und die im August '95 nachgeschobene Liebhaberausgabe im Schuber ging mehr als 10.000mal über den Ladentisch. Das sind erstaunliche Zahlen, zumal, wenn man berücksichtigt, daß es sich um das Werk eines Debütanten handelt, eines jungen Autors, der außerhalb seiner vorarlbergischen Heimat gänzlich unbekannt war. Wie also konnte es dazu kommen?

Zur Chronologie zuerst: 1990 schließt der damals neunundzwanzigjährige Robert Schneider seinen Prosaerstling ab und begibt sich, ohne Fürsprache arrivierter Kollegen, auf die übliche Ochsentour. Er verschickt seinen Text an über zwanzig Verlage im deutschsprachigen Raum und erhält, wenn überhaupt, von allen Seiten abschlägige Antwort – bis plötzlich der Leipziger Reclam Verlag Interesse bekundet. Dort entschließt man sich, das Wagnis auf sich zu nehmen. Keine leichte Entscheidung, denn zum einen mußte sich der Verlag im Zuge der Wiedervereinigung einer grundlegenden Umstrukturierung unterziehen, und zum anderen galt sein Programm bis dahin nicht primär als Adresse für Gegenwartsliteratur. Dennoch: Im August '92 ist die Leidensgeschichte des Manuskriptes beendet; *Schlafes Bruder* erscheint in einer zurückhaltend kalkulierten Auflage von 4.000 Exemplaren. Was sich dann binnen weniger Wochen abspielt, ist ein Phänomen des Literaturbetriebs, das um so erstaunlicher ist, wenn man bedenkt, daß das Werbebudget des Verlages keine spektakulären Klimmzüge erlaubte. Die großen Tages- und Wochenzeitungen reagieren prompt: Herbert Ohrlingers Rezension in der »Presse« machte den Anfang, und alsbald zogen die wichtigsten Blätter nach. Auf der Buchmesse im Oktober kursierte die Rede vom Geheimtip aus Leipzig, und bis Ende des Jahres beträgt die Gesamtauflage bereits 40.000 Stück.

Man kann lange darüber spekulieren, inwieweit ein positives Presseecho den Erfolg eines Buches befördert.[2] Im Falle von *Schlafes Bruder* liegen die Dinge kompliziert: Natürlich war es ein entscheidender Faktor, daß die Kritik sofort ansprach und zudem weitgehend freundlich reagierte.[3] Frank Schirrmacher (mit einem kurzen Hinweis) und Thomas Rietzschel (mit einer ausführlichen Rezension) machten in der »Frankfurter Allgemeinen«, Erich Hackl in der »Zeit«, Martin Doerry im »Spiegel«, Beatrice von Matt in der »Neuen Zürcher Zeitung« und Hermann Wallmann in der »Süddeutschen Zeitung« auf den Roman aufmerksam, und am 19. November 1992 widerfuhr *Schlafes Bruder* die größte Segnung, die einem Werk heutzutage zuteil werden kann: der Einzug ins »Literarische Quartett«. Doch es kommt anderes hinzu: Robert Schneider hatte das Glück, in einem Verlag zu debütieren, dem die Sympathie des Feuilletons galt. Der Roman, das einzige Hardcover im Leipziger Herbstprogramm '92, erfuhr einen Aufmerksamkeitsgrad, wie er ihn in einem umfangreicheren Programm nicht erhalten hätte. Die kapitalen Schwierigkeiten, die alle ostdeutschen Verlage nach der Wende bekamen, sorgten dafür, daß markante Novitäten oftmals mit besonderer Unterstützung bedacht wurden. Anders gesagt: *Schlafes Bruder* besaß Ost-Bonus. Daß die Kritik wiederum versuchte, Schneiders Roman kommensurabel zu machen, d. h., ihn in gängige Muster zu pressen, steht

2 Vgl. etwa Jörg Drews: Über den Einfluß von Buchkritiken in Zeitungen auf den Verkauf belletristischer Titel in den achtziger Jahren. In: Literaturkritik – Anspruch und Wirklichkeit. Hrsg. von Wilfried Barner, Stuttgart: Metzler, 1990, S. 460–473.
3 Negative oder skeptische Stimmen erschienen zum Teil an entlegenerem Ort. Vgl. zum Beispiel Franz Loquai: Ein literarischer Komet? In: Die Furche, 13. 5. 1993, oder Sieglinde Geisel, Gottes Schattenspiel. In: Märkische Allgemeine. Wochenmagazin, 24. 12. 1992.

auf einem anderen Blatt (und wird in diesem Band von Mirjam Schaub erörtert).

Die Presse reagierte, wie gesagt, meist positiv und erkannte zum Teil sofort, welchen Sog der Roman auf ein großes Publikum ausüben würde. Martin Doerrys Prognose »Dieser Roman wird wie eine Droge wirken« bewahrheitete sich rasch, und zusehends wurde deutlich, daß der Roman Dinge ansprach, die jenseits eines bloß ästhetischen Horizonts lagen.

Kein Schaden war es, daß die Diskussion im »Literarischen Quartett« kontrovers verlief. Während Hellmuth Karasek begeistert vom »bösen Heimatroman« und von einem »höchst satirischen, ironischen Roman« sprach, sah Sigrid Löffler »Kunsthandwerk« regieren, und Iris Radisch, als Gast auf dem vierten Stuhl, ereiferte sich über das »Spitzengeklöppelte« des Textes. Marcel Reich-Ranicki, offensichtlich verunsichert, lavierte, bescheinigte Schneider eine »große Schreibbegabung« und hielt sich eine Hintertüre offen: »Ich glaube dennoch an diesen Autor.« Den Boden für diese TV-Kontroverse hatte Iris Radisch zwei Wochen zuvor in der »Zeit« bereitet. Unter dem (werbewirksamen) Titel *Schlafes Brüder* [4] attackierte sie das »neorealistische Erzählen« junger Autoren und deren »plattfüßige Anspruchslosigkeit«; Robert Schneiders Roman nahm sich in dieser Perspektive nur mehr als »großartiger Schmarren« aus.

Am Erfolg des Buches änderte sich dadurch nicht das geringste. *Schlafes Bruder* entwickelte sich vom Geheimtip zum Markenartikel, dessen Ruhm sich in verschiedensten Kanälen fortsetzte. In Italien und Frankreich erhielt das Buch angesehene Preise, das Pfalztheater Kaiserslautern verarbeitete es zu einem Ballett, Joseph Vilsmaier kündigte eine aufwendige Verfilmung an, und der Komponist Herbert Willi machte sich daran, eine Oper auf die Bühne

4 Iris Radisch: Schlafes Brüder. Pamphlet wider die Natürlichkeit oder Warum die junge deutsche Literatur so brav ist. In: Die Zeit, 6. 11. 1992.

zu bringen (Uraufführung im April '96 in Zürich). Parallel dazu sorgte Robert Schneiders Theaterstück *Dreck*, 1993 in der Reclam-Bibliothek Leipzig erschienen, für Furore. Der Uraufführung im Hamburger Thalia-Theater folgten über vierzig weitere Inszenierungen des Einpersonenstücks. So blieb – und das ist das Entscheidende – Robert Schneider in der Medienmanege stets präsent; als die Filmpläne sich konkretisierten, wurde der Autor selbst mehr und mehr ein gesuchtes Objekt für einfühlsame Porträts. Die anrührende Geschichte vom belächelten Dorfschriftsteller, der zum literarischen Kometen avanciert – damit lassen sich auch in Hochglanzmagazinen Seiten füllen. 1994, wieder passend zur Buchmesse, legte das »Zeit-Magazin« ein Special vor, das das heikle Verhältnis zwischen Autoren und ihren Lektoren nachzeichnete und dabei Schneider und seinen »Entdecker« Thorsten Ahrend (mit entblößten Oberkörpern) präsentierte. Die Legenden um *Schlafes Bruder*, fleischlich illustriert – die kurz zuvor erschienene Taschenbuchausgabe erhielt schönen Auftrieb.

Ein Glücksfall für den weiteren Weg des Buches, zumindest unter ökonomischen Gesichtspunkten, wurde die Verfilmung durch Joseph Vilsmaier, der mit (dem Drehbuchautor) Robert Schneider eng kooperierte. Bis Ende 1994 waren über 100.000 Taschenbücher abgesetzt, der Film sorgte im folgenden Jahr dafür, daß die Druckmaschinen kaum noch stillstanden. Von einer aufwendigen Verkaufskampagne des Verlags begleitet, eroberte das Buch in der zweiten Jahreshälfte Kaufhäuser und Bahnhofsbuchhandlungen, vom hintersten Allgäu bis in den letzten Winkel Ostfrieslands. Im letzten Quartal '95 wurden – die deutsche Filmpremiere war Anfang Oktober – durchschnittlich 90.000 Exemplare pro Monat abgesetzt. Daß die Kritik mit Vilsmaier und seinem Team oftmals hart ins Gericht ging, tat der Begeisterung »draußen im Land« keinerlei Abbruch.

Um es zu wiederholen: Der Filmboom erklärt den Verkaufserfolg des Romans nicht; er trieb ihn auf ungeahnte

Höhen, doch das Mirakel »Schlafes Bruder« bestand lange zuvor. Verlagspolitische und journalistische Konstellationen begünstigten die Verbreitung fraglos, es bleibt indes die Spekulation darüber, warum es gerade diesem Text gelang, den vielbeschworenen »Nerv« der Zeit zu treffen und Leute, deren Lektüre normalerweise nur Fernsehprogrammzeitschriften gilt, zu Romanlesern zu machen. Warum ausgerechnet *Schlafes Bruder*?

Zuerst: Der Roman ist von der Struktur her überschaubar. Das Erzählte ist in seinem chronologischen Ablauf leicht zu erfassen; Orts- und Zeitangaben gliedern eindeutig. Darin liegt, so banal dies klingt, eine elementare Voraussetzung für eine breite Rezeption. Denn wer will, kann *Schlafes Bruder* als ungebrochene Geschichte lesen, als Geschichte, die zwar von merkwürdigen Begebenheiten berichtet, insgesamt jedoch problemlos »am Stück« verschlungen werden kann. Elias Alders kurze Biographie läßt sich so als »reine« Liebesgeschichte, als »reine« Erzählung über ein Genie oder über das beschwerliche und engstirnige bäuerliche Leben im alten Österreich auffassen. Es bedarf keiner intellektuellen Hilfestellung, um diesen Roman zumindest an seiner Oberfläche zu begreifen. Kritiker und Wissenschaftler mögen sich am Postmodernen oder Intertextuellen des Buches weiden; eine notwendige Bedingung, den Text zu goutieren, ist dies nicht. Die »abgenutzten Handlungsmuster«[5], auf die der Text ohne Hemmung zurückgreift, garantieren ein Déjà-lu und mindern den Schrecken, den das Alpin-Exotische in sich trägt.

Ungeübte Leser werden beispielsweise vom allwissenden Erzähler, wie ihn Schneider einführt, behutsam an der Hand genommen. Da erzählt einer mit großer Übersicht, gibt auf der ersten Seite unmißverständlich zu erkennen, wohin seine Handlung steuern wird, redet – als hätte es die Zweifel der modernen Literatur nie gegeben – permanent von seinem »Helden«, kommentiert, wertet

5 Wittstock (Anm. 1), S. 59.

und spricht mit seinem Leser, als gäbe es Thomas Manns ironischen Umgang mit dieser fiktionalen Übereinkunft nicht. Ja, so hat man uns früher beim Bratapfel Geschichten erzählt, von fremden Dingen in raunender Beschwörung des Imperfekts.[6] Ein halbes Jahrhundert nach Döblins *Berlin Alexanderplatz*, Joyces *Ulysses*, ein Vierteljahrhundert nach Becketts Romanen oder den Lektürestrapazen des »Nouveau Roman« darf sich der Leser, so scheint es, wieder in alter Geborgenheit wiegen.

Wohlgemerkt: So läßt sich *Schlafes Bruder* lesen, und so wurde er auch von prominenten Anhängern gelesen: als inhaltlich begeisterndes Werk, das von intellektueller »Hirnwichserei«[7] meilenweit entfernt ist. Man werfe etwa einen Blick in August Everdings Ingolstädter Laudatio: Das Verkanntwerden eines Genies, die dumpfe Gleichgültigkeit der Mitmenschen, das sind die Aspekte, die herausgestellt werden. *Schlafes Bruder* entzückt, weil er auf der inhaltlichen Ebene etwas zu sagen hat. Auch Schneiders Kollege Rafik Schami betont diese Seite des Werkes und lobt es als »ein wirklich phantastisches Buch über ein begnadetes Genie, das zur falschen Zeit am falschen Ort ist«.[8] Joseph Vilsmaiers Film schließlich hat, was zum Teil dem Medium geschuldet ist, fast ausschließlich diese Elemente herausgestellt: Das Archaische, das Debile, das Rustikale und das Wunderbare werden mit gleichsam naturalistischer Energie ausgebreitet. Daß die Textvorlage vom Ende des 20. Jahrhunderts datiert, ist auf den ersten Blick kaum zu erschließen.

6 Ganz im Stile herkömmlicher Erzählverfahren wechselt der Roman an herausgehobenen Stellen vom Präteritum ins Präsens (vgl. z. B. SB 68), um Spannung zu schüren und Distanz abzubauen. – Siehe zur Erzählerrolle Klaus Zeyringer in diesem Band.
7 »Ich will keinen intellektuellen Leser, ich will jemanden, der eigentlich gar nicht liest. (...) Die ganze Hirnwichserei interessiert mich nicht.« (So Robert Schneider in: Christine Flatz: »Ein Buch, das für eine Nacht vergnügen könnte«. In: Vorarlberger Nachrichten, 13. 9. 1992).
8 In: Meier. Stadtmagazin Mannheim, Oktober 1995, S. 92.

Schlafes Bruder also ein Roman von gestern, eine mit Herz, Schmerz und Terz angereicherte Almtragödie? Für den Siegeszug bei nichtprofessionellen Lesern mag diese Mischung ausreichen; daß der Text jedoch in Wissenschaft und Kritik so lebhaft gepriesen und diskutiert wurde, muß andere Gründe haben. Mittlerweile ist der Roman, neben Süskinds *Parfum* und Christoph Ransmayrs *Letzte Welt*, zum Zankapfel kritischen Disputs geworden. Sinn und Unsinn postmoderner Literatur, diese akademische Frage scheint sich gerade an *Schlafes Bruder* prächtig verhandeln zu lassen. Weshalb?

Bereits in den ersten Kritiken findet ein Charakteristikum des Romans Erwähnung, das offenkundig verstört und nicht eindeutig zu bewerten ist. Die Pole lassen sich klar benennen: Ist der Roman, wie Iris Radisch behauptete, ein Zeugnis des »Neorealismus«, eine »gestylte, schönböse Märchenwelt«[9], in der die »Sentimentalität«[10] waltet? Oder aber haben wir es mit einem – so Hellmuth Karasek zum Beispiel – »satirischen« Stück zu tun, das in die Textsorten »Parodie« und »Pastiche« fällt? Es scheint kein leichtes, diese Frage zu entscheiden. Uwe Wittstock hält sich die Optionen offen, wenn er zurückhaltend von den »sehr leisen parodistischen Untertönen«[11] spricht. Auf der anderen Seite stehen diejenigen, die von einem »ironischen Augenzwinkern«[12] nichts wissen wollen und den Text, wie die ganze sogenannte Postmoderne, zutiefst ablehnen. Das lauteste Beispiel dafür liefert die Essayistin und Übersetzerin Karin Fleischanderl, die – auf festem dogmatischen Boden ste-

9 Geisel (Anm. 3).
10 Die Vokabel bei Thomas Rietzschel: Das Dorf ist die Hölle des Künstlers. In: Frankfurter Allgemeine Zeitung, 29. 9. 1992, und Wilhelmine König: Wer schläft, kann nicht lieben. In: Der Standard, 25. 9. 1992.
11 Wittstock (Anm. 1), S. 59.
12 Uwe Wittstock: Nachwort. In: Roman oder Leben. Postmoderne in der deutschen Literatur. Hrsg. von U. W. Leipzig: Reclam, 1994, S. 338.

hend – Schneiders Roman (wie Ransmayrs *Letzte Welt*) zu den »Kitschphänomene(n) des zwanzigsten Jahrhunderts«, zur »literarischen Antimoderne«, zur »bevorzugten Lektüre der Halbgebildeten«[13] rechnet. *Schlafes Bruder*, das ist für sie wie »Adventsingen im Fernsehen«, ein schlichtweg »reaktionär(es)«[14] Machwerk. Es fehlt hier an Platz, um über den Starrsinn einer gedankenlosen Modernitätsgläubigkeit zu räsonieren; Karin Fleischanderl nimmt sich mit ihrer schäumenden Pauschalattacke jede Möglichkeit, über ein gewandeltes Literaturbewußtsein nachzudenken. Sich auf die klassische Moderne dieses Jahrhunderts zu beziehen ist gut und richtig, diese als alleinige überzeitliche Norm hinzustellen zeugt von unhistorischer Engstirnigkeit.

Schlafes Bruder wurde zum Faszinosum, weil der Text ein breites Angebot auffächert. Gerade weil nicht leicht zu entscheiden ist, ob das Buch seine Sache ernst oder heiter nimmt, läßt es die unterschiedlichsten Lesehaltungen zu. Schneider selbst hat von der »Überzeichnung des Kitsches« gesprochen, durch die »so etwas wie eine ironische, manchmal sarkastische und manchmal sogar zynische Distanz«[15] entstehe.

Ernst und heiter, neorealistisch oder parodistisch – was immer sich dazu ausführen läßt, kaum zu bestreiten ist, daß Robert Schneider mit großem Geschick und mit genauem Blick auf die unterschwelligen Defizite der Gegenwartsgesellschaft gearbeitet hat. Daß sein Buch, wie die ersten Stimmen aus seiner österreichischen Heimat unkten, nur in »thüringischen Spinnstuben und westösterreichischen Ministrantenkreisen (...) großes Aufsehen«[16] errege, hat sich längst als Irrtum herausgestellt. Inwieweit das Arrangement, das Schneider bietet,

13 Karin Fleischanderl: Des Kaisers neue Kleider. Schreiben in Zeiten der Postmoderne. Wien: Wespennest, 1994, S. 94.
14 Fleischanderl (Anm. 13), S. 98.
15 Jan Malek: Gesellenstück. Ein Interview mit Robert Schneider. In: Buchkultur (Wien) 18/6 (1992), S. 22.
16 So die Vorarlberger »Krone« vom 6. 12. 1992.

ein »vollkommenes, virtuos-musikalisches Sprachkunst-
werk«[17] darstellt oder lediglich ein »schlau zusammen-
gerührtes postmodernes Süppchen«[18], das werden erst
eingehende Textanalysen zeigen.

Eng damit zusammenhängend ist die Charakterisie-
rung und Bewertung der Sprachgestalt des Romans. Zu
den spontanen Eindrücken, die der Text hervorruft,
gehört sein Bemühen um einen ausgefallenen Duktus.
Von der ersten Seite an schmiegt sich die Sprache, so der
Anschein, ihrem historischen Gegenstand an. Inszeniert
wird ein Tonfall, der scheinbar aus dem Fundus verflos-
sener Jahrhunderte schöpft. Die Neigung zu putzigen
Verkleinerungsformen wie »Füchslein«, »Schürzchen«
oder »Gliedchen« erinnert an biedermeierliche Adrett-
heit, an stifterisierende Sanftheiten. Erst ein genaues
Hinsehen offenbart, daß die Sprache des Romans keine
um Authentizität bemühte Nachbildung einer historischen oder dialektalen Variante ist. Der Autor betont,
daß es sich um eine »Kunstsprache« handele, »die überhaupt nicht existiert, die auch nirgendwo gesprochen
wird, nämlich ein Zusammenführen aus der Lutheri-
schen Sprache mit Dialektmischungen aus der Gegend,
wo ich herkomme«.[19] Bezeichnend ist deshalb, daß der
Verlag kontinuierlich Anfragen von mundartlich interes-
sierten Lesern erhält, die die Richtigkeit bestimmter
grammatikalischer und lexikalischer Formen in Frage
stellen. Schneider provoziert: Er scheut sich nicht, Alter-
tümelndes und Modernes in einem Atemzug zu nennen.
Resi die Hirschkuh und Wunibald der Dachs werden
possierlich besungen, und gleichzeitig finden sich moderne Wortgetüme wie »masochistisch« und »verpoten-

17 Armgard Seghers: Genie mit unerhörtem Talent. In: Hamburger Abendblatt, 3. 11. 1992.
18 Hans-Klaus Jungheinrich: Gouldgräberstimmung. Kultfigu-
ren der gegenwärtigen Musikwahrnehmung. In: Frankfurter
Rundschau, 16. 11. 1995.
19 So Schneider in einem Rundfunkgespräch mit Eduard Hoff-
mann (Deutsche Welle, 13. 1. 1993).

zieren«. Obschon der ungebrochen historisierende Ton dominiert, entsteht keine Einheitlichkeit. Das gleichberechtigte Nebeneinander des postmodernen Sprechens hat hier einen beredten Vertreter gefunden.

Auf jeden Fall: Der Roman stellt sich der Alltagssprache entgegen. Hierin besonders Ransmayr und Süskind vergleichbar bietet der Text ein artifizielles Produkt, das vor allem dadurch Wirkung hervorbringt, daß es sich so markant vom Sprachton des Leseralltags entfernt. Der Eindruck der Poesie entsteht bereits durch das Fremdartige der Rede. Wer *Schlafes Bruder* liest, begibt sich allein aufgrund der sprachlichen Überformung in ein fernes Land. Der Roman will verzaubern und entrücken. Darauf legt er es in jedem Satz an.

Von welcher Seite auch immer man sich dem Text zuwendet, es zeigt sich die Absicht, zu verblüffen und aufzuschrecken. Vor allem das Parodieprinzip und die Kunstsprache zielen darauf ab, doch letztlich läßt sich diese Methode in jedem Detail nachweisen. Natürlich würde Schneiders Technik der sanften Leserverstörung nicht fruchten, wenn er vom tristen Grau-in-Grau der Jetztzeit spräche. Mit einer Prosa, die – überspitzt gesagt – den Tagesablauf eines arbeitslosen Kulturwissenschaftlers schildert, der ziellos durch die Straßen und Kneipen von Berlin streunt und in Paris beim Anblick einer zertretenen Cola-Dose oder eines achtlos weggeworfenen Präservativs in tiefe Melancholie verfällt, läßt sich nur bei ästhetisch hartgesottenen Literaturkritikern ein Blumentopf gewinnen. Lesen möchte man von solcher Tristesse eigentlich nicht, man kennt das von zu Hause. Für nahezu alle überdurchschnittlichen Erfolge, die die deutschsprachige Literatur in den letzten zwei Jahrzehnten aufweist, ist kennzeichnend, daß sie Ungewöhnliches, Fernes oder Exotisches ausbreiten. Sie entführen wie Süskind in Parfümerien des achtzehnten Jahrhunderts, sie erzählen wie Sten Nadolnys *Entdeckung der Langsamkeit* von Abenteuern zur See oder, wie Erich Hackls *Auroras Anlaß*, von eigentümlichen spanischen

Familienverhältnissen, oder sie tauchen wie Gisbert Haefs' *Hannibal* in historische oder wie Ransmayrs *Letzte Welt* in antike Tiefen hinab. Vereinfacht gesagt: Wer zeitgenössische Leser ansprechen will, sollte – wenn er nicht auf den Spuren des identifikatorischen Unterhaltungsromans Hera-Lind-, Milena-Moser- oder Doris-Dörrie-Töne anstimmen möchte – sich einen »exotischen« Gegenstand wählen, der mit der realen Lebenswelt des in einem Zwei-Zimmer-Appartement einsitzenden Lesers möglichst wenig zu tun hat. Dies gilt auch für viele ausländische Bestseller der letzten Zeit: Umberto Ecos Mittelalter, Margriet de Moors Kastraten, Peter Høegs Grönland oder Cees Nootebooms Asien lassen grüßen. Ein wie kunstvoll auch immer reproduziertes Abbild unseres neuen Fin de siècle, damit will keiner sich die Nacht um die Ohren schlagen.

Kurzum, auch *Schlafes Bruder* erfüllt jene »Norm« und weiß auf mehreren Ebenen von ungeheuerlichen Dingen zu berichten. Er kommt, wie gesagt, an der Oberfläche der Voraussetzung des »Exotischen« nach, doch es sind genauer betrachtet auch die gleichsam ideologischen Komponenten des Textes, die sich dem Mainstream unserer intellektualisierten Gegenwart entgegenstemmen. Plakativ gesagt: *Schlafes Bruder* ist ungeachtet seiner parodistischen oder ironischen Untertöne ein Roman, der unverhohlen eine Botschaft der Emotion, des Anti-Intellekts offeriert. Die entscheidenden Ereignisse des Romans entziehen sich rationaler Durchdringung. Das Hörwunder, die Liebe zu Elsbeth – in diese Felder gelangen Vernunft und Verstand nicht. Die zentrale Vokabel des Textes – von der »Widmung« an vielfach wiederholt und leitmotivisch eingesetzt – heißt »Herz«. Wie Elias anfänglich – im »Rumor des Universums« das »weiche Herzschlagen eines ungeborenen Kindes« (SB 38) hört, so bleibt die Sprache des Herzens im Ganzen Richtschnur. Das »Wesen seines Herzens« ist »gut« (SB 53); das Herz des Erzählers »überschlägt sich vor Freude« (SB 67); die Liebe zwischen Elias und Elsbeth zeigt sich, so zumindest die männliche Einschätzung, im »selben Rhythmus« (SB 116) ihrer Herzen – ein Bild, das Elias nicht müde wird heraufzubeschwören:

> »Zum zweiten und letzten Mal in seinem Leben lag Elsbeths Herz auf seinem Herzen, und Elsbeths Herzschlagen ging in sein Herzschlagen über, so vollkommen und eins, wie er es damals als Fünfjähriger im Bachbett der Emmer durchlebt hatte. Da brüllte Johannes Elias Alder wiederum so entsetzlich auf, als müßte er bei hellem Verstand sterben. Und sein Wankelmut wurde Lügen gestraft, und die Hoffnung wurde übervoll in ihm, und er schrie in das tiefe Blau des Himmels, daß er ohne Elsbeth nicht mehr leben könne.« (SB 140)

Die Beispiele ließen sich fast beliebig vermehren. »Geh, wohin dein Herz dich trägt«, der Erfolgstitel der Italienerin Susanna Tamaro taugt als Lebensmaxime für den Helden Robert Schneiders. Wie er als Musiker ohne Notenkenntnis Genialität aus sich selbst schöpft, so ist das »Herz« die handlungsleitende Instanz, nicht Verstand oder Vernunft.

Es liegt auf der Hand: *Schlafes Bruder* appelliert insgeheim an eine Haltung, die mit der sich beschleunigenden Technisierung und mit den »kalten« Strömungen des Rationalen nichts anzufangen weiß. Das liegt im Trend: Der Verweis auf Susanna Tamaro ist mehr als Zufall; die nichtliterarischen Stimmen, die sich gegen eine »kalte« Fortschrittsseligkeit erheben, erhalten durch *Schlafes Bruder* Zuspruch. Ob Franz Alt oder Horst Eberhard Richter, ob New Age oder Esoterik – die Exempel sind Legion, und Robert Schneider läßt sich, wenn man will, mühelos in dieses Umfeld eingliedern. Ein Roman der hohen Gefühle, in Zeiten des Singledaseins, der Kontaktanzeigen und Partylines. Ein Roman, der ohne jede Einschränkung den großen Emotionen das Wort redet. Wo, wie es Umberto Eco in einer berühmt gewordenen Passage aus der *Nachschrift zum »Namen der Rose«* notierte, kaum noch jemand Liebesschwüre unverstellt äußern mag, trumpft *Schlafes Bruder* mit einem Bekenntnis zu »Liebe« und »Herz« auf. »Wer liebt, schläft nicht« – die Eingangsformel des Romans erweist sich als anarchisches Prinzip, das das Vage und Unverbindliche über Bord wirft. Endlich, dürfte mancher Leser sich im stillen sagen, ein Buch, das alles fordert, das sich nicht mit »Halb-Herzigem« begnügt. Daß der Roman kein glückliches Ende nimmt, ist für eine euphorisch sentimentale Rezeption kein Hindernis. Die schönsten Liebesgeschichten sehen so aus; Robert James Wallers *Die Brücken am Fluß*, ebenfalls durch eine Verfilmung (mit Clint Eastwood und Meryl Streep) in den siebten Auflagenhimmel katapultiert, lebt wesentlich von der Melancholie des Nicht-Realisierten. Im irdischen Dasein kamen die beiden Protagonisten nicht zusammen; erst ihre Asche findet im Fluß zueinander.

In frühen Rezensionen bereits klang an, daß *Schlafes Bruder* offenkundig auf romantische Traditionen anspielt, sei es in der Künstlerthematik, sei es in den Naturbildern. Von dort aus ist es nur ein kurzer Weg, um zu Goethes *Leiden des jungen Werther* zurückzublenden. Wer diesen folgereichen Briefroman wieder zur Hand nimmt, wird schon an der inhaltlichen Oberfläche erstaunliche Parallelen finden. Auch Werther liebt bekanntermaßen unglücklich die gleichfalls an einen sehr bodenständigen Partner gebundene Lotte; auch Werther sieht sich als Künstler, ohne je ein Werk hervorzubringen, und nicht zuletzt setzt der Selbstmord seiner tragischen Biographie ein Ende. Das Erkennungswort des Stürmers und Drängers Werther ist das »Herz«. Wo immer man den Text aufschlägt, appelliert der unglücklich Liebende an selbiges, läßt es sprechen, jubilieren und schließlich zerbrechen. *Die Leiden des jungen Werther* und *Schlafes Bruder* – ein kräftiges Band verknüpft diese Romane.

Große Erfahrungen sind nicht intelligibel, das lehrt uns *Schlafes Bruder*, und er gehört damit auch in das Umfeld der literarischen Moderne, wie sie sich seit Ende des letzten Jahrhunderts ausbreitet. Das »Herz« äußert sich in gewisser Weise unwillkürlich: Seine Regungen sind nicht zu steuern, Elias wird von der unmittelbaren Evidenz dessen, was das Herz einfordert, mitgerissen. Das famose Hörerlebnis, das ihm widerfährt, wird so völlig konsequent als »Offenbarung« (SB 78) bezeichnet. Das Ungeheure zeigt sich im »Choc«; erst in der Epiphanie ist ein Ausbruch aus dem Gewöhnlichen möglich, erst in der Epiphanie zeigen sich blitzartig neue Wahrheiten. Das ist, wie gesagt, ein moderner Topos, vertraut aus Prousts *A la recherche du temps perdu*, aus Döblins *Berlin Alexanderplatz* oder Musils *Mann ohne Eigenschaften*. Der »andere Zustand« bedarf der Offenbarung, ihn zu erahnen ist allein so möglich.

Ein Beispiel zur Verdeutlichung: Thomas Mann ersann für den *Zauberberg* einen gewöhnlichen, bewußt durchschnittlichen Helden, der so zum Versuchsfeld verschiedener Einflüsse herhalten konnte. Eines seiner elementaren »Bildungserlebnisse« ist im Kapitel »Schnee« beschrieben: Sich bei sportivem Tun heillos verirrend, gerät Hans Castorp durch ein Schneetreiben in gehörige Bedrängnis. Die Sinne schwinden dem unglücklichen Skiläufer, und mit einem Mal tut sich – als typische Offenbarung – eine arkadische Landschaft voller Liebreiz vor seinem geistigen Auge auf: »Hans Castorps ganzes Herz öffnete sich weit.«[20] Doch hinter dieser anmutigen Fassade lauert das Grauen, und der völlig Erschreckte muß gewahr werden, wie halbnackte, ekelerregende Hexen sich in roher Gewalt ergehen. Die – durchaus vorläufige – Erkenntnis, die Castorp aus diesem Geschehen zieht, spiegelt sich im Kursivdruck wider: »*Der Mensch soll um der Güte und Liebe willen dem Tode keine Herrschaft einräumen über seine Gedanken.*«[21] Vergleichen wir: In den Bildern des Grauens sieht Castorp »zartes blondes Haar mit Blut verschmiert«[22], in der Hörwunder-Szene von *Schlafes Bruder*, die unter ähnlichen Wetterwidrigkeiten sich abspielt,

20 Thomas Mann: Der Zauberberg. Roman. Frankfurt/Main: S. Fischer, 1980, S. 518.
21 Mann (Anm. 20), S. 523.
22 Mann (Anm. 20), S. 521.

heißt es: »Was er als letztes von der Wirklichkeit sah, war ein Büschel blonder, blutiger Haare.« (SB 35)

Zufall oder kein Zufall? Wie auch immer: Nicht zu bestreiten ist die strukturelle Analogie. Das blutige Geschehen, das beide übrigens »liegend« erleben, hat erhebliche Konsequenzen, im Modus der Epiphanie vor Augen geführt: Hans Castorp erfährt den Appell der Humanität; Elias Alders Gehör »vervielfacht« sich. Beide Male ist, auch das typisch für diese Erfahrungen der Moderne, das herkömmliche Zeitgerüst aufgehoben. »Das will heißen, daß ihm die Empfindung der Zeit abhanden ging« (SB 35), heißt es bei Schneider, und Thomas Mann läßt seinen Helden nicht minder aus den chronologisch verläßlichen Rastern fallen: »Konnte es denn sein, daß er nur zehn Minuten oder etwas länger hier im Schnee gelegen und sich so vieles an Glücks- und Schreckensbildern und waghalsigen Gedanken vorgefabelt hatte?«[23] Im Zeitlosen, im Zeitentrückten geschieht das Ungeheuerliche; das Herz hat hier wie dort eine Lehrstunde erhalten.[24]

Schlafes Bruder schließt mit solchen Szenen an Strukturen des klassisch-modernen Romans an. Für die Wirkungskraft des Erzählten ist entscheidend, daß das inhaltlich Herausgestellte, das Außergewöhnliche, nicht rational oder argumentativ vermittelt wird. Der Leser muß erkennen: Mit den Verstehensmechanismen des Alltags ist diesen Ereignissen nicht beizukommen; ein Sprung ins Übernatürliche ist geboten, und es nimmt nicht wunder, daß der Verdruß am Intellekt, der sich, je näher das neue Fin de siècle rückt, ausbreitet, zu gerne mit nicht erklärlichen Phänomenen spielt. Was Alder erlebt, ist nur »beinahe menschlich« (SB 33), seine Liebe zu Elsbeth grenzt »ans Unmenschliche« (SB 95) – der Text tändelt permanent mit der Verlockung des Inkommensurablen, mit dem Reiz einer »anderen« Welt.

23 Mann (Anm. 20), S. 524.
24 Siehe im »Zauberberg« (Anm. 20, S. 523): »Mein Herz schlägt stark und weiß warum.«

Damit einhergeht das im Roman wiederholt gesetzte Motiv der Sprachskepsis. Wo es um Unfaßliches und um Offenbartes geht, versagt die menschliche Sprache immer wieder. Dieser Topos der Literatur, so alt wie diese selbst, erfuhr bekanntlich im 20. Jahrhundert zahllose neue Gestaltungsformen, von Hugo von Hofmannsthal bis Peter Handke. Schneider geht damit selbstverständlich und ironisch um. Das »Unerklärliche« (SB 39), das »Unglaubliche« (SB 38), das »Rätsel« (SB 41) auf der einen Seite – und das »Unsägliche« auf der anderen. »Was sind Worte!« (SB 38) deklamiert der Erzähler mit inszenierter Theatralik; »unsagbar« (SB 76) sind die Leiden des Ersten Feuers. Die Wortmächtigkeit des Erzählers soll nicht verdecken, daß sein Tun ein bloßer Notbehelf ist. Was mit Elias Alder dereinst geschah, ist mit aller Sprachgewalt nicht zu fassen. Es bleibt ein Rest, der im nebulösen Dunkel des Nicht-Ausdrückbaren verharrt. »Verbalisieren«, »kommunizieren«, »sich austauschen«, »ausdiskutieren«, »alles ansprechen«, »hinterfragen« – mit dem psychologisch grundierten Kommunikationsoptimismus der Gegenwart hat *Schlafes Bruder* nichts zu tun. Der Text suggeriert trotz der Leidensgeschichte, die er präsentiert, das Glück des Nicht-Auslotbaren. Große Erfahrungen sind sprachlose Erfahrungen.

Eine Artikulationsweise freilich existiert, das auszudrücken, was sprachlich nicht auszudrücken ist: die Musik. Daß diese mehr vermag als Worte oder Bilder, ist sicher kein origineller Gedanke. Viele Ästhetiken haben ihn herausgestellt. Dies hindert Robert Schneider indes nicht daran, das Orgelspiel seines Helden mit diesen Qualitäten auszustatten: »Diese Kühnheit der Harmonien, worin das Unerwartete, das Nicht-zu-Glaubende sich ereignet, sollte dem noch zweifelnden Christen anzeigen, daß Christus das Unsägliche vollbracht hatte: die Auferstehung von dem Tode. Welch eine geniale Musik!« (SB 113)

Eine Passage von nicht zu überschätzender Bedeutung: Das Unsägliche schlechthin ist die Überwindung des Todes, symbolisiert in der Auferstehung Jesu Christi. Elias Alder, dessen Leidensetappen zahlreiche Parallelen zu denen des Gottessohnes aufweisen, wird nicht in der Lage sein, diesem Vorbild nachzueifern. Der Schlaf, des Todes Bruder, ist zu meiden, doch die der Liebe wegen sich auferlegte Schlaflosigkeit führt geradewegs in den Tod. Bis zur letzten Seite spielt der Roman auf die Auferstehung an. Wie Maria Magdalena am Ostermorgen den Stein vom Grabe Jesu nicht mehr vorfindet, so traut die Lukasin in der Schlußszene ihren Augen nicht: »Elias' Stein, der aussah »wie die Fußsohle unseres Herrn und Gottes«, ist, als sie ein Fußweg zur Emmer führt, verschwunden. Und sie bewahrt die Hoffnung auf Elias' Weiterleben: »Er sei nicht wiedergekommen, wiewohl man überall nach ihm gesucht habe. Sie glaube aber, daß er noch am Leben sei.« (SB 204)

Der Tod ist das Thema des Romans. Genie, Kunst, Liebe – alles zielt in letzter Konsequenz darauf hin, die Sterblichkeit zu überwinden. Der Musik zumindest – genauer: der Musik des genialen Elias Alder – gelingt es, einen Ausdruck für das eigentlich Unsägliche zu finden, für die Suspendierung des Todes. Von großer Folgerichtigkeit zeugt es, daß Elias' Kunststücke nicht tradiert werden können. Keine Zeile, keine Note ist von seinem Schaffen überliefert. Das Unsägliche bleibt unsäglich.

Robert Schneiders Roman scheut sich nicht – und das macht seine Kühnheit aus –, »große« Themen des Lebens aufzubereiten, gleichgültig, ob dies zeitgeistopportun ist oder nicht. Der ironische, mit Versatzstücken jedweder Provenienz spielende Charakter des Textes schafft einen interpretatorischen Freiraum, den seine Leser weidlich nutzen können und offensichtlich genutzt haben. Der Text erzählt viel und in vielerlei Worten, doch indem er sich immer wieder auf das Ungenügen der Sprache zurückzieht, bleiben blinde Flecken. Das gilt auch für die Darstellung der Sexualität, gleichgültig, ob sie hetero- oder homosexueller Art ist. Diese präsentiert sich auf schicklichste Weise; Elias Alder ist ein wackerer

Verächter der Fleischeslust: »Er wollte ihr zeigen, daß die wahre Liebe nicht das Fleisch sucht, sondern sich ganz an die Seele verschenkt.« (SB 108) Selbst Elsbeths Hingabe an Lukas bleibt im Roman angedeutete Unzüchtigkeit; erst der Film zwingt Dana Vávrová mit entblößtem Unterleib ins Heu. Das Übersinnliche, mit dem der Roman jongliert, wird nicht durch Auswüchse einer enthemmten Sinnlichkeit beeinträchtigt. Ein Faktum, das eine Leserschaft, die in durch und durch sexualisierter Zeit lebt, mit andächtiger Haltung aufnehmen durfte.

Schlafes Bruder ist ein Text, der für die neunziger Jahre des 20. Jahrhunderts maßgeschneidert ist. Er greift – und dies wollten die vorangegangenen Bemerkungen andeuten – eine Vielzahl unterschwelliger Ängste und Sehnsüchte auf, transportiert sie in ein scheinbar entlegenes Territorium und erlaubt es seinen Leserinnen und Lesern dadurch, Empfindungen auszuleben, die die wissenschaftlichen Prägungen der Oberfläche vergessen lassen. Wer will, kann in Robert Schneiders Roman zuhauf Vorwissenschaftliches, Spirituelles und Metaphysisches finden. Die Konzeption des Buches lädt dazu ausdrücklich ein, und die »postmodernen« Relativierungen, die der Text im gleichen Atemzug einschiebt, geben demjenigen Distanzierungsmöglichkeiten, der sie haben möchte. Den Erfolg von *Schlafes Bruder* vermag das nicht zu erklären – »womit alles das und mehr nicht gesagt ist« (SB 30).

Originalbeitrag

29

II Essays und Interpretationen

AUGUST EVERDING

Laudatio auf Robert Schneider[*]

In Paragraph 2 der Statuten für die Verleihung des Marie-luise-Fleißer-Preises heißt es: »Er dient der Förderung der Autoren, die, wie Frau Fleißer, den Konflikt zwischen unerfüllten Glücksansprüchen und alltäglichen Lebenswelten zum zentralen Thema haben«.

In dieser Spannung leben die Außenseiter, die Ausgestoßenen, die hoffenden Menschen, die durch Robert Schneider leben. Ich gratuliere ihm zu der Auszeichnung und der Stadt, daß sie gerade ihn auszeichnet. Ich bin sicher, Marieluise Fleißer ist einverstanden – heute am Buß- und Bettag.

Als Intendant sitze ich am Schreibtisch, und die Dramaturgie legt mir die gestern eingegangenen Opern vor, von Komponisten und Verlegern eingereicht. Ich blättere durch und weiß, daß ich keine Zeit habe, sie genügend zu prüfen, und gebe sie an den Chefdramaturgen weiter, um mir Gutachten zu machen. Nach einigen Monaten lese ich die Gutachten und schreibe Absagebriefe.

Wen habe ich übersehen, vielleicht einen Hindemith, einen Henze – vielleicht einen Mozart. Ich habe den Chefdramaturgen eingestellt und geprüft, ob er meines Sin-

* Anläßlich der Verleihung des Marieluise-Fleißer-Preises im November 1995.

nes ist. War er bei der Lektion auch eines Sinnes oder nur seines Sinnes?

Das gehört zur Gewissenserforschung eines Intendanten am Abend? Wo war ich zu flüchtig, zu vorschnell, zu leichtfertig, wo nicht aufmerksam genug? Denn ich weiß, manchmal schreit einem die Begabung entgegen, wenn man lesen und übersetzend hören kann; manchmal muß man zwischen den Zeilen lesen können, manchmal ergibt erst die wiederholte Lektion ein Urteil.

Ich, August Everding, sitze zu Hause, umgeben von Büchern, und es parfümt und virtuost um mich.

Medicusse wollen gehört und Bocksgesänge gelesen werden. Ich greife zu einem kleinen Buch, heute abend noch zu schaffen, und der Titel klingt nach Bach und Tod und Schlaf, den ich nicht suche.

Ich lese und brauche keinen Chefdramaturgen, keine Lesehilfe – ich weiß sofort, das muß ich lesen. Nicht, weil es ein Krimi ist, eine besänftigende Abendlektüre, ein Aphrodisiakum.

Die Sprache fängt mich ein, sie zündet meine Phantasie, weckt meinen Verstand, reizt meine Sinne. Der Herzschlag der ungeborenen Geliebten ist mein Herzschlag, ich spiele die Orgel, ich verbrenne im Dorf, ich fliehe den Schlaf. Ich nähere mich einer bisher ungenannten unbekannten Liebe. Diese Sprache zwingt mich, Bilder zu entwerfen von Landschaften, die ich nicht kannte und jetzt kenne, zwingt mich, Leidenschaften nachzuempfinden, derer ich noch nicht gewärtig war, läßt mich Töne und Tonfolgen komponieren, die ich noch nie improvisiert hatte, derer ich aber mächtig war – jetzt wußte ich es. Das Buch machte mich erschreckend welthellsichtig. Kundrys Kuß traf den Toren unbarmherzig mildtätig.

Dann las ich, daß 23 hochmächtige Verlage das Buch abgelehnt oder nicht beachtet hatten, so, wie ich den neuen Hindemith, Henze oder Mozart. Vielleicht auch zu flüchtig oder gar nicht gelesen oder durch die urige Gewalt der Sprache abgestoßen? Charakterlos nur das Buhlen danach, keine Erkenntnis, kein Bekennen der

Leichtfertigkeit, nur das große Geld für den kleinen Verlagsbruder reklamierte sie auf den Plan.

Die Kulturgeschichte lehrt uns, wieviel Kompositionen verlacht wurden und dann zu den Ehren der Altäre kamen, wieviele Meisterwerke der Malerei nie gekauft wurden, wie die Impressionisten als Farbkleckser abgetan und Beethoven als Lärmerzeuger abgelehnt wurde. Oft war das Werk seiner Zeit und den Zeitgenossen voraus, oft mußte es erst dechiffriert werden, oft war es wirklich Avant-Garde, oft waren die Rezipienten nur Konsumenten oder einfach zu blöd. Manchmal brauchte ein Passionswerk seine Zeit, um dann von Mendelssohn wiederentdeckt zu werden, manchmal mußte der Autor sterben, um lebendig zu werden.

Das braucht Robert Schneider nicht.

Dieser Autor, in einem Dorf mit 57 Einwohnern aufgewachsen, hat in sechs Monaten diesen Roman geschrieben und ihn selbst 25mal gebunden, um ihn zu verschicken. Er hatte zu Hause weder Hausmusik noch Bücher, er hörte nur den Dorforganisten, und der spielte abscheulich. Vorarlberger reden nicht, und sie können nicht sagen: »Ich liebe Dich«. Aber Schneider kann es sagen, und Reich-Ranicki kann zunächst nichts sagen, erst etwas nach dem Erfolg. Schneiders Mutter starb, als das Buch erschien. Sein Adoptivvater wollte das Buch nicht weiterlesen, weil er sich erkannte.

Sein Motto: »Ich muß besser werden«. Das muß jeder. Aber worin muß er besser werden? Was wird der nächste Roman sein? Wenn er noch einmal das Filmdrehbuch zu seinem Roman schreiben will, sollte er bedenken:
Der Roman *Schlafes Bruder* stellt die Frage: Ist er zum Lesen und inneren Hören oder zum Sehen und äußeren Hören?

Schneider hat eine große Vorlage für den Film geschrieben, aber das Mysterium von dem Ur-Ton und der Ur-Liebe blieb offen.

Herrliche Naturaufnahmen vom Helicopter und von der Baby-Kamera, aber letztendlich waren meine Naturvorstellungen härter. Damit's nicht zu schön wurde, regnete es oft, und der Matsch sollte keinen Kitsch aufkommen lassen, aber es war Filmmatsch, der Wirklichkeit nachgestellt. Unvergeßlich die Gesichter, bester Schauspieler der behinderte Philipp. Alle Geräusche waren in mir beim Lesen wirklicher als im Film, wo sie wirklich waren. Die Hauptdarsteller waren gut, wenn sie ihr Gesicht verloren, dann gewannen sie es. Bewegend das Schicksal des unbegabten Organisten. Gute Zeitsprünge und Ausblendungen. Das beeindruckende Orgelkonzert, das alle Kerzen verlöschen läßt, war in meiner Phantasie noch 16füßiger, noch jericho-trompetiger. Wunderbar die Betroffenheit der Kirchengemeinde, aber die Frage sei erlaubt, wann begreift Menge, seit wann begreift Masse Kunst, wann ist sie ergriffen vom Phänomen, wann reagiert sie betroffen von Qualität?

Es fehlte mir im Film die romantische Ironie der Verfremdung, aber »Kömm o Kitsch« kam nur der »Zeit« nahe, die aber Schneider dennoch in die Nähe Hermann Hesses rückte. Aber dem Elias fehlte der glühende Schmerzensmann, und dennoch ist es kein Bauernschmaus, sondern ein gutes Geröstl mit Pfeffer versetzt.

In diesem Buch erstrahlen »Tod, Liebe und Kunst als Apotheosen, vor denen das Alltägliche verdorrt«. Das ist auch nach Meinung der Kritiker kein Heimatroman, sondern ein Panorama von Genie und Wahnsinn, von Gewalt und Leidenschaft. Elias Canetti schrieb: »Ich habe das Buch mit Staunen und Freude gelesen.« Daß einer, der Passion und Geist genug hat, allen Einschüchterungsversuchen modischer Narren zum Trotz, erzählen muß, hat man sehr gehofft; es geschah immer seltener. Nun erfahren Sie, Robert Schneider, wie sehr man es braucht.

Wir warten auf die Oper im April in Zürich, auf die Musik von Herbert Willi, der in sich hineinhören muß, um Musik zu hören. Willi, der die Oper schon im Kopf fertig hatte, bevor das Buch geschrieben wurde, in dessen jetzt fertiger Oper kein Satz aus dem Buch und Film ist. Seines Schlafes Bruder ist nicht Gott und nicht der Tod. Es ist das Hörwunder des Elias, das auch Willi in seinem Leben widerfuhr. Musik, die einem Wege zeigt, die man nicht gehen will, aber die die richtigen sind, Chöre, die den Raum unendlich erweitern und zu Zeit werden lassen, Endzeit.

Wer liebt, schläft nicht – bis über den Tod hinaus. Vier Liebesduette durchziehen diese Oper, deren Klänge sich bewegen und bewegen. Willi schreibt nicht Musik, gezwungen schreibt er in sich gehörte Musik nieder. Und – welch Kuriosum – da, wo ich die mächtigste Musik erwartet hatte, beim Orgelwettbewerb, da schweigt er musikalisch und läßt reden. Prima le parole? Nein, das wirkkräftige, aus sich wirkende Wort und der zeitlose, den Zeiten verbundene Klang, diese Sinfonia erwartet uns.

1993 hat Robert Schneider *Dreck* geschrieben, das über 40 Inszenierungen erlebte. Aus »Dreck« hat er Gold gemacht. Gold, das heute preisgekrönt wird und kein Scheingold und kein Goldmacher-Gold ist.

Es ist das Edelmetall unseres Bruders Tod.

Der Tod als Bruder des Schlafes ist unser Familienmitglied. Dieses Buch ist eine Anklage gegen alle, die Begabung nicht erkennen oder sich der Erkenntnis widersetzen. Es ist eine Anklage gegen den Gott, der ein Bauernkind mit so viel Musik und Liebe in einer Umgebung begabt, wo beide Gaben verkommen müssen. Dieses Buch erschreckt jeden, dem es gegeben ist, über Begabte zu urteilen.

Geborene Mozarts, die nie Mozarts wurden, weil wir sie nicht werden ließen. Ein solcher war Elias Alder, mit seinem wunderbar elenden Musikerleben, der mit Musik predigte und liebte wie wir Kleinherzigen, Kleinmütigen es nicht wagen und nicht mehr vermögen. Der Mensch – die Krone der Schöpfung mit Dornenkrone.

Erstveröffentlichung

Wer liest, schläft nicht
Über den Anfang und das Ende von *Schlafes Bruder*

Wenn *Schlafes Bruder* wirklich Musik *wäre*, könnte nur ein Stummfilm ihm gerecht werden. Daß er jetzt (von Joseph Vilsmaier, und – metaphorisch gesprochen – nicht von Jean-Luc Godard) verfilmt worden ist, scheint zu belegen, daß er auf die »unerhörten« Begebenheiten reduziert werden kann, von denen er handelt. Dabei hat der Roman, dabei hat Robert Schneider genau gewußt, was ihm – von Inhaltisten – blüht. Und vom ersten Wort an ein *sprachliches* Kunstwerk reklamiert ...

Schlafes Bruder – der Titel – muß noch nicht einmal als Zitat (von Johannes Ranck bzw. Johann Sebastian Bach) identifiziert werden –: Das (altfränkisch oder) ostentativ vorangestellte Genitivattribut kündigt an, daß der Umgang mit Sprache kaum weniger wichtig sein wird als das, womit die Sprache umgeht.

(Wer will, kann auch in »Pascales Herzschlagen« ein überkommenes, nämlich überholtes Genitiv-»e« erkennen und diese Wendung, die syntaktisch kein rechtes Motto und, so elliptisch, auch keine Widmung ergeben will, als private Chiffrierung eines Roman-»Themas« – der Protagonist vermag »das weiche Herzschlagen eines ungeborenen Kindes« zu vernehmen! – respektieren, als ein exklusives Emblem, aber doch die intersubjektive Anspielung auf Pascals, des Philosophen Herz »hören«, das Gründe hat, die der Verstand nicht kennt, eine Allusion, die sich nicht durch eine Quellenangabe aufdrängt, sondern durch eine musikalisch phonetische »Abweichung« ...)

Und was dann *folgt*, ist so etwas wie ein feierlicher Klappentext. »Wer liebt, schläft nicht« – einziger Aphorismus unter den in der Regel deskriptiven Kapiteltiteln! – for-

muliert eine Art Quintessenz, und in dem auktorialen
Aufgesang, dem er vorangestellt ist, wird die »Geschichte« (!) »des Musikers Johannes Elias Alder« ein
erstes Mal erzählt – mit einer für einen Trailer frappie-
renden Vollständigkeit. (Auffällig, daß in diesem Vorspann Alders Liebe als »unsägliche und darum unglückliche« bezeichnet wird: Hat Glück etwas mit der Erzählbarkeit zu tun? Und daß Alders Ende als »unglaub-
lich« bezeichnet wird: Muß sich da Historie eines Fiktions-
verdachts erwehren? Und ebenso auffällig der einzige
falsche Konjunktiv ausgerechnet da, wo es um das »alte
Wort« geht, das Schlaf und Tod mit Brüdern – sic: – »ver-
gliche«.) Und was *dann* folgt, ist noch immer nicht das
erste Kapitel.

»Das letzte Kapitel« – der einzige reflexive Titel unter
all den paraphrasierenden Überschriften – formuliert
eine Art Allegorie, so wie es Heinrich von Kleist am Ende
seines Marionettentheater-Essays getan hat, der ja das
Möbiusband aus Bewußtsein und Grazie so unvergeßlich dreht und wendet: »Mithin, sagte ich ein wenig zer-
streut, müßten wir dann nicht wieder vom Baum der
Erkenntnis essen, um in den Stand der Unschuld
zurückzufallen? Allerdings, antwortete er, das ist das
letzte Kapitel von der Geschichte der Welt.« Natürlich ist
der Begriff des »letzten Kapitels« zunächst einmal nichts
als korrekt; er bezieht sich auf das Ende der laufenden
Ereignisse, deren Chronist Robert Schneiders Erzähler
(gewesen) ist. Aber nach dem dritten Feuer – dem »Dritten Feuer innerhalb eines einzigen Jahrhunderts« – ist
Eschberg »ausgelöscht«, und nach dem Tode von Cosmas Alder gibt es auch keinen Augen- oder Ohrenzeu-
gen mehr. Mit zwei oder drei Worten: Es herrscht wieder
der Zustand des unbeschriebenen Blattes, das letzte Kapitel der Wirklichkeit ist das erste Kapitel der Erzählung,
Robert Schneiders *Schlafes Bruder* ist auch ein Roman
über die allmähliche Verfertigung des Gedenkens beim
Schreiben, über die – um eine Formulierung von Harry
Mulisch aufzugreifen – Herstellung von Erinnerungen

an Ereignisse, die nie geschehen sind, nicht die Entzifferung, sondern die »Bezifferung« des Unsichtbaren oder Verschwundenen. Auch Christoph Ransmayrs *Morbus Kitahara* – in manchem Motiv und mancher Manier mit *Schlafes Bruder* verwandt – beginnt mit dem Ende von etwas: Die beiden Toten, die da »schwarz im Januar Brasiliens« liegen, von einem Urwaldfeuer bis zur hieroglyphischen Unkenntlichkeit verbrannt, sind die ersten Buchstaben auf einem weißen Stück Papier, die dann der Roman in einer weitausholenden Bewegung entschlüsselt bzw. wiederbelebt – nicht als utopisches »Was-wäre-wenn«, sondern als topisches »Was-könnte-gewesen-sein-wo«! Beide Romane stehen also nicht für eine narrative Restauration, auch sie erzählen ihr eigenes Erzählen, tun nicht nur, was sie wissen, sondern wissen auch, was sie tun: Ihre linguistische Selbstreferentialität *kommt* nicht zur Sprache, sie *wird*, besser: sie *bleibt* Sprache: gebrochen altfränkisch bei Schneider, faden-scheinig brokaten bei Ransmayr. Bei letzterem ist es ein Rockkonzert, bei ersterem ein Orgelkonzert, das einen Maßstab liefert für das, was Form zu leisten hat, wenn sie ganz Inhalt sein will. Opern haben – und vielleicht liegt da ihr Unsterblichkeitsgeheimnis – solcher *stofflichen* Redundanz immer entraten können, sie haben ihre Methodologie immer schon nondiskursiv realisiert, indem ihnen »klar« war, daß Menschen nicht singen, wenn sie einander was zu sagen haben oder mit sich allein sind oder überhaupt …

Hatte der Vorspann die Quintessenz von *Schlafes Bruder* vorweggenommen und das erste Kapitel das letzte, hatten also beide Prolegomena alles getan, um gleich zu Anfang die Sinnerwartung zu befriedigen und die Handlungsspannung abzubauen, hatte also der Roman von vornherein die Voraussetzung dafür geschaffen, daß der Leser ganz Auge und ganz Ohr für all das sein konnte, was mit der novellesken Teleologie des Geschehens nichts zu tun hatte, für die Farbe und die Musik (der Sprache!), so findet sich an jener Stelle, die genauso weit vom Schluß des Romans entfernt ist wie der »Klappen-text« von seinem Anfang, ein »Rückblick«, der den Ro-man ein weiteres, ein letztes Mal erzählt, jetzt durch den Mund einer seiner Figuren. Mag das, was sie erzählt, für ihre Zuhörer »neu« sein, für den Leser wäre es überflüs-sig, griffe der Roman nicht auch hier wieder sein eigenes Interesse an der »bewußten« Erzählbarkeit der Welt und der »graziösen« Demiurgie der Erzählung wieder auf. Die Erzählfigur, die Lukasin, befindet sich im letzten Ka-pitel in einer ähnlichen Situation wie der Erzähler, der »nichts« vor sich hat: die Stille oder eine Tabula rasa. Denn jetzt ist auch der »große, wasserverschliffene« Stein verschwunden, der Johannes Elias Alders »Lieb-lingsort« gewesen ist. Die Lukasin war mit ihren Kin-dern aufgebrochen, um ihnen »Wirklichkeit« zu zeigen, »das Schauspiel der braunstürzenden Emmer (...), war selbst neugierig darauf, welchen Lauf der Bach nach dem Unwetter eingeschlagen hatte.« Als sie, entsetzt, be-merkt, daß der Stein, der »wie die Fußsohle unseres Herrn und Gottes« ausgesehen hatte, nicht mehr da ist, weiß sie plötzlich, was sie zu tun hat, um die Leere (mit inniger Ironie möchte man sagen: die eingetreten ist, nachdem unser Herr und Gott »spurlos« verschwunden ist) zu füllen: Sie erzählt ein Märchen! (Und daß mit einem Märchen nicht nur das »In Eschberg [hat] damals ein jun-ger Mann gelebt« einhergeht, sondern auch ein sprachli-cher Registerwechsel, ist noch in der Indirektheit erkenn-bar, mit der Robert Schneiders Erzähler es referiert.) Die Lukasin erfindet (sich) ihre eigene Geschichte, und das Märchen hört sich so wahr an, daß der kleine Cosmas nicht umhin kann, es ernst zu nehmen wie ein Mann. Mit »verstellt erwachsener Stimme« fragt er seine Mutter: »Was meint Liebe?« Und diese, wie ein befriedigter Er-zähler, läßt die Antwort offen, als Kompliment an den »wachen« Leser, der ihm »ein guter Freund« geworden ist: Der Bruder des Schlafes ist der Tod, die Schwester der Wirklichkeit die Erzählung. *Schlafes Bruder* tut, was sein Sagen ist: »Trotzdem« gibt die Antwort auf die Frage des

kleinen Cosmas das Leben – so wie auf dem »Orgelfest«
alles, was ihm vorausgegangen ist, wortlos und unver-
filmbar Musik wird.

Originalbeitrag

MIRJAM SCHAUB

Robert Schneider und das Verschwinden der Literaturkritik

Eins, zwei, drei Geschichten muß man erzählen, um zu
verstehen, was es mit *Schlafes Bruder* auf sich hat. Allein
das Buch, um das es geht, erzählt zwei Geschichten, die
für sich stehen.

Die erste handelt von einem Bauernjungen im österreichischen Vorarlberg, Johannes Elias Alder, dem un-
ehelichen Kind des örtlichen Kuraten und einer Bäuerin. Geboren 1803 unter schwierigen Umständen mit
einem phänomenalen Gehör, welches sich im Alter von
fünf Jahren vervielfachen wird, verläuft sein Leben
nach den Gesetzen der Mißgunst. Ausgestoßen und
verachtet, wird Elias sich selbst gleichgültig, verkommt
sein musikalisches Genie. »Den Schock seiner Kindheit
hat er nie verwunden«, teilt uns der auktoriale Erzähler mit.

Die zweite Geschichte handelt von einem Menschen-
kind, das zu jeder Zeit, an jedem Ort geboren sein
könnte: Ein religiöser und sich nach irdischer Liebe seh-
nender Junge liebt ein Mädchen, ohne sich ihr jemals zu
offenbaren. Als sie zuletzt einen anderen heiratet, steigert sich seine Liebe in Wahn. »Das ungeheure Gesetz,
wonach eine jede Liebe immer in den Tod führt, sollte
sich an diesem Mann auf eine abscheulich pervertierte

Weise erfüllen.« Besessen von der Idee, daß die wahre Liebe nicht ruhen, nicht rasten dürfe, beschließt der Unglückliche, nicht einen Augenblick mehr zu schlafen – bis er schließlich tot in einem Bachbett zusammenbricht.

Die dritte Geschichte betrifft den Autor der ersten beiden Erzählungen. Robert Schneider wurde 1961 in Bregenz geboren, wuchs als Adoptivkind in den Bergen auf. Er studierte in Wien Komposition und Theaterwissenschaft, bevor er aus freien Stücken in sein Heimatdorf Meschach zurückkehrte, um dort seinen ersten Roman *Schlafes Bruder* zu schreiben.

Am Anfang sieht es so aus, als verlaufe diese Geschichte ebenso glücklos wie die ersten beiden. Niemand will das Buch über Johannes Elias Alder verlegen, dreiundzwanzig Verlage lehnen ab. Hochtrabend finden die Lektoren den apostolischen Duktus, übertrieben den Ton, maßlos und unheimlich den Reigen aus Metamorphosen, verblasen das historische Sujet. Charme, Witz und Durchtriebenheit des Erzählers bestechen sie nicht: Dabei verbindet das Klangopus, in den Gewändern einer Kostüm-Novelle inszeniert, höchst kunstvoll zwei alte romantische Motive, die Einsamkeit vor der beseelten Natur und den Liebestod als musikalisches Opfer. Schneiders Harmonielehre des Übersinnlichen ist nichts für ungeschulte Ohren.

Als der junge Autor schon alle Hoffnung hat fahrenlassen, meldet sich Reclam Leipzig bei ihm und fragt an, ob das Manuskript (das man seit einem halben Jahr im Verlag liegen hat) inzwischen vergeben sei. Thorsten Ahrend, der Lektor[1], trifft sich mit Schneider in Vorarlberg, sie erklimmen gemeinsam manchen Felsen, waten durch das besagte Bachbett und erfreuen sich bester Arbeitslaune. Im Herbst 1992 erscheint das Buch mit einer Startauflage von viertausend Exemplaren.

---

1 Auch der ist mittlerweile zu werbephotographischen Ehren gelangt. Siehe Zeit-Magazin vom 7. Oktober 1994.

Kaum ist das Buch erschienen, überbietet sich die Kritik. Wer spürte nicht den »Atem des Erzählers«[2], ahnte nicht die »außergewöhnliche Begabung«[3], rühmte nicht die »stilistisch sehr ambitionierte Prosa«[4] in der Tradition von Thomas Bernhard, Felix Mitterer, Manfred Deix, im Anschluß an die Romane von »Franz Innerhofer« und »Josef Winkler« – dies »trotz einer anderen Stilgebärde«[5] –, feierte nicht, kurzum, den Einzug des »österreichischen Mitbürgers«[6] in die »Buendia-Sippe« des kolumbianischen »Weltdichters García Márquez«?

Nachdem es der Kritik gelungen war, das Neue auf das Bekannte zurückzuführen, und damit die intellektuelle Anstrengung beendet schien, begann das große Nacherzählen. Dank der guten Vorlage waren die Rezensenten diesmal begnadete Nacherzähler. Sie lobten Robert Schneider in der Sprache Robert Schneiders, so als fürchteten sie, auch nur einen Tropfen des kostbaren Trankes zu verschenken und damit allen Zauber der neuen-alten Erzählkunst zu verlieren: Die Kritik feierte ihr Verschwinden von der Bildfläche. Sie gab einen furiosen Abschied, mehr als 150mal hob und senkte sich der Vorhang anläßlich von *Schlafes Bruder*. Niemand wollte es versäumen, dem Autor die Ehre zu erweisen, in großer Geste verneigte man sich vor dem Erzähler und winkte sich selbst beim Abgang von der Kunstrichterbühne zu. Was für ein Fest!

2   Thomas Rietzschel in: Frankfurter Allgemeine Zeitung, 29. September 1992.
3   Herbert Ohrlinger in: Die Presse, 22. August 1992.
4   Thomas E. Schmidt in: Frankfurter Rundschau, 10. Oktober 1992. Ein sehr umsichtiger Rezensent übrigens, der am Rande das Vorbeiturnen einer »Vorarlberger creep-show« beklagte, hätte er sich doch gewünscht, der »Kerl (hätte) eine Innerlichkeit ausgebildet« und sich »seine Misere zu Bewußtsein gebracht«.
5   Beatrice von Matt in: Neue Zürcher Zeitung, 20. Oktober 1992.
6   Günther Drommer in: Wochenpost, 1. Oktober 1992.

In Kürze ist der Roman in 16 Sprachen übersetzt. Im August 1994 sind allein in Deutschland 270.000 Exemplare verkauft. Joseph Vilsmaier macht sich zusammen mit dem Autor an die Verfilmung des opulenten Stoffs ... Im September 1995 ist in Vorarlberg Filmpremiere.

Was die Euphorie ausgelöst hatte? Das Buch gefiel den Vertretern. Und es gefiel den ersten LeserInnen, die es weiterschenkten. So weit – so gut? Warum weigerten sich dann mehr als zwanzig LektorInnen standhaft, ein solches Buch zu verlegen? Wußten die Rezensenten, welche Widerstände es gegen *Schlafes Bruder* zunächst gegeben hatte?[7]

Kaum ein Verriß junger deutschsprachiger Literatur verzichtet auf einen Seitenhieb gegen das Lektorat. Entweder man fordert – höflich, aber bestimmt – seine Rückkehr aus dem Urlaub, oder aber man hört auf, an die Existenz desselben zu glauben. Ist es also abwegig, zu vermuten, daß die Kritik neben Robert Schneider *auch* ihren kleinen Triumph über das Lektorat feierte?

Wer hat mehr zu befürchten, wer mehr zu verlieren? Die Kritiker, die dem Lektorat unterstellen, es verhindere genau die junge Literatur, die der Kritiker gerne lesen möchte? Oder die Lektoren, die der Kritik mittlerweile jeden Sinn für junge deutschsprachige Literatur absprechen und sie als Hindernis bei der Durchsetzung von Talenten betrachten?

Beide Berufsstände rekrutieren ihr Personal aus den Seminaren für Neuere deutsche Literaturwissenschaft

---

7 Zugegeben, dies ist nur eine mögliche Deutung, wenn man sich einmal entschlossen hat, dem sog. »Messeklatsch« Bedeutung zu schenken. Auf der Buchmesse 1992 begegnete mir ein Dutzend Personen, die mir mit leuchtenden Augen anvertrauten, das »Buch der Saison« (Titel und Autor unbekannt) sei zuvor von mehr als zwanzig Verlagen abgelehnt worden. Es folgte ein bedeutungsträchtiges Zwinkern. Schließlich steckte mir jemand *Schlafes Bruder* zu mit der Bemerkung: »Lies das!« Ich schenkte es einer Freundin. Später schrieb sie mir, noch nie habe sie ein so wunderbares Buch gelesen, dafür vielen Dank – nur leide sie seither an Schlafstörungen.

der 70er und 80er Jahre. Daß beide Gruppen einander später latent für inkompetent halten, liegt wahrscheinlich an der Beengtheit der *gemeinsamen* Sozialisation: Wer kennt sich nicht aus den Zeiten der Streiker und Streikbrecher, der schnell gedruckten Pamphlete und Gegenpamphlete, sah sich nicht zuerst irgendwo in den Unifluren von Frankfurt, Berlin oder Konstanz beim Kaffeetrinken?

Von gezielter Berufswahl kann überdies nicht die Rede sein ... Die Arbeit im Lektorat erschien als vernünftige Alternative zum Privatdozentendasein, als freier Journalist ließ es sich leben und reisen, den Rest besorgte das Temperament. Während heute der eine zunächst fernab dem öffentlichen Raum lektoriert und eine vergleichsweise beständige Form des gedruckten Wortes bevorzugt, muß der Rezensent, dem flüchtigeren Medium Zeitung verschrieben, schneller und lauter arbeiten. Die Zurückhaltung und Bedächtigkeit des einen ist dem anderen suspekt, so wie dieser die Allüren und Schnellschüsse des anderen haßt.

Dabei handeln die »Anwälte« von AutorInnen und LeserInnen bis heute auf Zuruf, sie alle sitzen in Kanzleien mit dünnen Wänden.

In der Karikatur schließlich ist der Lektor jemand, der vor lauter Miniaturen das eine Epos nicht sieht, und der Rezensent einer, der nachträglich den idealen Klappentext verfaßt, in der Hoffnung, er möge in der zweiten Auflage berücksichtigt werden. Mit Literatur hat all das nur mehr berufspolitisch oder mentalgeschichtlich zu tun. Ein Fall wie *Schlafes Bruder* bot sich schon aus katalytischen Gründen an. Die Geschichte seiner Entstehung ließ Spielraum für die Erfindung neuer Geschichten.

Nicht zu fühlen, was zu fühlen, nicht zu empfinden, was zu empfinden ist – das ist die größte aller Sünden, von denen in *Schlafes Bruder* die Rede ist. Die Unbedingtheit des Empfindens ist der Preis für die Begabung. Todgeweiht ist der, der lebend nicht lebendig ist. Verrat an der eigenen Leidenschaft, Vernachlässigung der göttlichen Begabung, zuletzt die Aufgabe des Glaubens an sich selbst – das ist, für sich genommen, der Stoff, aus dem Erziehungsromane sind. Nicht von ungefähr verdingt sich Elias Alder zeitweilig als Dorflehrer. Seine Geschichte läßt sich auch lesen als Narretei auf *Wie Gertrud ihre Kinder lehrt* und die Erziehungsziele Pestalozzis.

Das klingt nicht mehr so versöhnlich wie »Das Thema dieses Buches ist die Leidenschaft und die Liebe« (so etwa äußerte sich das »Literarische Quartett«), erklärt aber durchaus, warum dem Erzähler die Schilderung der Mutter, die sich verlottern und verludern läßt, so gut gelungen ist. Ihr Schicksal soll dem Sohn ein Menetekel sein. Das, was ihr langsam, quälend und wie von fremder Hand widerfährt, fügt sich der Sohn später selbst zu, im Zeitraffer mittels Tollkirschen. Er wählt den Tod als Selbstbestrafung für das Ermatten seiner Leidenschaft. Da seine Geburt niemanden freute, begeht Elias den eigenen Tod wie ein Fest – als musikalisches Opfer. Erst an diesem Tag begreift er, *wer* sein Leiden schuf.

Schneiders *Schlafes Bruder* und Süskinds *Parfum* (1985) spielen nicht von ungefähr im Zeitalter der zur Wissenschaft erhobenen Sinnlichkeit. Alle beide sind sie Sensualisten. Hume, der Theoretiker der *inneren* Erfahrung, hat Lockes berühmten Satz »Nihil est in intellectu, quod non prius fuerit in sensu«[8] um ein wichtiges Moment bereichert: »All die schöpferische Kraft der Seele ist nichts weiter als die Fähigkeit, den durch die Sinne und die Erfahrung gegebenen Stoff zu verbinden, umzustellen und zu vermehren.«

Gebrochen durch den Widerhall der rückwärts durchschrittenen Zeit, geht es in *Schlafes Bruder* nicht einfach um die Revitalisierung, sondern um die *Übertreibung* einer einzelnen Begabung. In der Begabung des *einen* Sinnesorgans liegt die ganze Hoffnung, liegt alle Komik, das

8 »Nichts ist im Verstande, was nicht vorher in den Sinnen war.«

ganze Verfehlen. Es sind die Schicksale des außerordentlich Empfindenden – nur sie verfügen über die nötige Fallhöhe –, die rühren und berühren sollen.

Ein Roman wie dieser löst, wenn auch tautologisch, eines der großen, alten Versprechen ein: die Erweiterung und Aufhellung des »Gesichtsfeldes« durch Semantisierung des Sinnlichen. Das außerordentliche Gehör des Elias Alder dient den Lesern als Echolot. So horchen und lauschen sie hinein in eine rauschende und wogende Welt, die sich wie ein unterirdischer, unheimlicher Fluß unter die eigene legt.

Dabei hat sich Robert Schneider für eine Art Saugglocken-Stil entschieden. Beharrlich entfacht er einen Strudel aus Adjektiven, zieht so seine Nomina mit in die Tiefe. Die Liebe ist »unsäglich« oder »unglücklich«, der Tod »spektakulär«, »elend« das Leben, die Freude ebenso »hell« wie die Einfalt »himmlisch«, der Plan »satanisch«, das Schicksal »bestürzend«. Als Musiker »genial«, »herzensgut« als Dorflehrer, ist das Rätsel um Elias Alder »vielbetuschelt«. Die Mäuler der inzuchtgeschädigten Dorfbewohner sind »gottverreckt«. Kaum ein Rezensent vergißt zu erwähnen, wie und wo der Hauptheld »schuht«. Einen Parcours längst vergessener, detailgenauer Verben bietet Schneider auf, und seine Figuren tragen so sprechende Namen wie Seelenzilli und Ellensönin.

So üppig und überbordend wie die Empfindungen des Helden ist auch die Sprache des Erzählers. Der Stil, d. h. die »archaisierende Stilisation«[9], die Schneider in seinem ersten Buch wählte, verleitet zur Nachahmung und dürfte dennoch in der jungen deutschsprachigen Literatur unverwechselbar sein. Keine Kritikerin, kein Kritiker will dazu verdammt sein, sich auf die Sprache eines Buches auf Gedeih und Verderb *einzulassen* – oder *es einfach sein*zulassen.

9 Thomas E. Schmidt in: Frankfurter Rundschau, 10. Oktober 1992.

Iris Radisch z. B. charakterisierte ihr Unbehagen mit dem Wort »Biedermeier«, und wahrscheinlich hatten die Lektoren, die das Buch ablehnten, eine ähnliche Assoziation. Gemeint war damit vor allem die – wie es schien – unreflektierte Rückwärtsgewandtheit der Worte, ihr anti-, bestenfalls vormoderner Duktus. Seine wenigen »Gegner« hielten Robert Schneider für einen Fanatiker, in dem das weiche Herz eines Idyllikers schlug.

Allein, der Vorwurf, da habe sich einer an einem authentischen Sittengemälde Vorarlbergs versucht und sei darüber gescheitert, traf den Autor nicht. *Schlafes Bruder* ist getragen von dem *Pathos einer Groteske*, und das ist, obwohl es sich um eine Form von Pathos handelt, weder mit Anbiederung an das Vergangene noch mit Einfühlung zu verwechseln. Die Vorstellung, daß die Vergangenheit aufgehört hat zu existieren, ermöglicht auch dem fiktiven Historienerzähler Distanz und Ironie. Die freizügige Kostümierung in *Schlafes Bruder* grenzt zwar an Folklore, ist aber vor allem das tadellose Produkt von Schneiders eigentlicher Artistik.

In die Irre geht auch, wer dem Autor vorwirft, ein bierernstes oder moralinsaures Traktat verfaßt zu haben. Zur Entkräftung sei nur eine Passage zitiert, in der von Fritz Alder, dem älteren Bruder von Elias, die Rede ist: »Er war von jener Art des vollkommen nichtssagenden Zeitgenossen«, schreibt der Erzähler. »Und tatsächlich. Aus dem Mund des Fritz Alder ist uns kein einziges Wort überliefert. Wäre eines überliefert, es interessierte uns nicht.«

Ich mag diese Stelle sehr, muß allerdings zugeben, daß ich mit ihrer Hilfe den Vorwurf des Rückfalls hinter die literarische Moderne nicht entkräften kann. Weder Ironie noch Groteske sind besondere Merkmale der Moderne. Unbestritten ist auch, daß es in diesem Roman weder Kühlschränke noch Transistorradios gibt, womit nicht einmal das Minimalkriterium für Modernität erfüllt wäre ...

Robert Schneider hat einen frechen, einen unverschämten Roman über einen unmöglichen Stoff geschrieben – dabei weder die Sprache reformiert noch das Denken revolutioniert.[10] Nur, warum sollte er? Reicht es nicht, wenn ein Text, wie Gilles Deleuze meint, die eigene Wahrheit beständig als *Effekt* produzieren kann, und zwar mit Hilfe des Stils, der nachträglich Einheit stiftet, indem er *Resonanzen* erzeugt? In einem sehr schlichten, unspektakulären Sinn funktioniert *Schlafes Bruder* wie am Schnürchen und dennoch herrlich frei nach den Regeln der Kompositionskunst seines Autors.

Aus: Deutschsprachige Gegenwartsliteratur. Wider ihre Verächter. Hrsg. von Christian Döring. Frankfurt/Main: Suhrkamp, 1995, S. 185–193.

ERICH HACKL

Laudatio auf Robert Schneider[*]

Der Schweizer Autor Peter Bichsel sieht den Wert des Geschichtenerzählens nicht in der Bedeutung dieser oder jener Geschichte, sondern in der Tatsache, daß jemand überhaupt noch die Anstrengung unternimmt, eine Geschichte zu erzählen. Seinem freudigen Erstaunen liegt ein Befund zugrunde, der Walter Benjamin – etliche Jahrzehnte vor Bichsel – zur Behauptung verleitet hat, daß es mit der Kunst des Erzählens zu Ende

10 Ersteres bemängelten einige Lektoren, letzteres reklamierte meines Wissens nur ein von kritischer Theorie sanft bewegter Rezensent. Er schrieb etwas von »Erkenntnis stellt sich nicht ein« und »Ist das ein Thema, auf das die Leser in diesem Herbst gewartet haben?«, von »Attitüde«, »bekanntem Erfolgsrezept«, »perfekter Illusion«, und zweimal erwähnte er das »vom Alltag ermüdete Publikum« – nachzulesen in: Der Spiegel, Nr. 48/1992

* Anläßlich der Verleihung des Alemannischen Literaturpreises 1993.

gehe. »Es ist«, schrieb Benjamin, »als wenn ein Vermögen, das uns unveräußerlich schien, das Gesichertste unter den Sicheren, von uns genommen würde. Nämlich
das Vermögen, Erfahrungen auszutauschen.« Die Erfahrung, die von Mund zu Mund geht, ist jedoch Quelle allen Erzählens. Muß also das Erzählen versiegen, da dieses Vermögen selten geworden ist – sei es, wie von
Benjamin suggeriert, durch die Vernichtung handwerkli-
chen Schaffens, das das Zuhören, das *Lauschen*, während
der alltäglichen Verrichtungen ermöglicht hatte; sei es
durch die zerstörerische Gewalt des Faschismus, dem es,
nach Anna Seghers, gelungen sei, ein Niemandsland zwischen die Generationen zu legen; sei es durch die Einge-
meindung des Besonderen in den sich als international
gebärdenden Provinzialismus der Metropolen, in unserer
Gegenwart. – Wer wie Robert Schneider erzählt, glaubt
offenbar an die Fähigkeit der Menschen, sich über ihre Erfahrungen und damit über ihre Anliegen zu verständigen.
Schneiders »Geschichte des Musikers Johannes Elias
Alder, der zweiundzwanzigjährig sein Leben zu Tode
brachte, nachdem er beschlossen hatte, nicht mehr zu
schlafen«, bestätigt Benjamins Beobachtung, derzu-
folge das Erzählen ganz allmählich aus dem Bereich der
lebendigen Rede entrückt sei, indem sie eine neue
Schönheit in dem Entschwindenden fühlbar macht.
Diese neue Schönheit, die manche verstört hat, weil sie
sich nicht zur ästhetischen Überhöhung ihres verbisse-
nen Nach-oben-Strampelns eignet, nenne ich: Anteilnahme; Anteilnahme nicht nur am Geschick seines
Helden, sondern auch an der Sehnsucht seiner Leser,
auf daß ihnen der Erzähler Rat wisse. Aber Rat ist ja
weniger Antwort auf eine Frage als ein Vorschlag, die
Fortsetzung einer (eben sich abrollenden) Geschichte
betreffend. »Um ihn einzuholen, müßte man sie zuvör-
derst einmal erzählen können.« Und Robert Schneider
vermag sie zu erzählen – in welchen Lebensvorschlag
seine Erzählung mündet, wollen wir vorläufig nicht be-
achten.

Schneider weitet den Lebensbericht über ein musikalisches Originalgenie gleich zu Beginn seines Romans auf die Geschichte eines Vorarlbergers Bergdorfes aus, das 1912, nach dem Hungertod des letzten Bewohners, von der Natur ausgelöscht wird. Allein schon die Chronik des Dorfes Eschberg und der Geschlechter Alder und Lamparter, die es bevölkern, gerät dem Autor zum Epos einer grenzenlos engen Welt, in der wir uns selbst, Großmut wie Niedertracht, bescheidene Hoffnungen und ungeheure Katastrophen, hochfliegende Träume und kleinliche Gelüste wiedererkennen.

> »Trotzdem wäre es in allem vertane Zeit, die Geschichte der Eschberger Bauern zu beschreiben, das armselige Einerlei ihres Jahreslaufs, ihre bösen Händel, ihren absonderlich fanatischen Glauben, ihren nicht zu übertreffenden Starrsinn gegen die Neuerungen von draußen, hätte nicht zu Beginn des 19. Jahrhunderts ausgerechnet das Geschlecht der Alder ein Kind mit einer so hohen Musikalität hervorgebracht, die im wahren Sinn des Wortes unerhört war, und wie es scheint, im Vorarlbergischen nicht wieder gehört werden wird. Ein Kind mit Namen Johannes Elias.« (SB 12 f.)

Elias, unehelicher Sohn der Bäuerin Seffin Alder und des hochwürdigen Kuraten Elias Benzer, erweist sich von Geburt an als eigentümliches Wesen: Zu atmen beliebt er erst, als die Hebamme das Tedeum zu singen anfängt, den ersten Schrei stößt er aus, als die Orgel den Taufchoral intoniert, und nachts erwacht der Säugling vom sirrenden Klang der Schneeflocken. Das eigentliche Wunder aber begibt sich, als das Kind fünf Jahre alt ist: In einer Art musikalischer Initiation, bei der sein Körper schreckliche Mutationen durchmacht, teilt sich ihm die Fülle des Universums in Klängen und Tönen mit, im Summen des Bluts, im Knistern der Haare, im Dröhnen von Gedanken, Raunen und Krachen von Wolken, Singen verdampfender Schweißtropfen, Wehklagen sterbender Wale, Gellen von Lavaströmen, im Schall des

Lichts. Nach diesem Erlebnis ist Elias wie verwandelt. Er beginnt frühzeitig zu pubertieren, seine gläserne Stimme entwickelt sich zum volltönigen Baß, seine Augen werden »gelb wie Kuhseiche«. Und vor allem: Elias hat, im Augenblick seiner musikalischen Welterfahrung, unter Millionen anderen deutlich die Herzschläge einer Neugeborenen wahrgenommen, der er sofort in heftigster Liebe zugetan ist: die seiner Cousine Elsbeth Alder.

Das fremde Aussehen macht Elias zum Außenseiter im Dorf, das sich ohnehin nur durch Eigennutz, Neid und Spott zur Gemeinschaft fügt. Der einzige, der sein Genie erkennt, ist sein Cousin Peter, Elsbeths Bruder: »Er ahnte, daß dem Elias Großartiges gegeben war. Und weil er diese Ahnung sein Lebtag nicht mehr loswerden konnte, trachtete er, den Elias niederzuhalten.« Peter ist davon besessen, im Leid der andern die Wahrheit der Welt zu erkunden. Als ihm sein Vater aus nichtigem Anlaß den Arm bricht, zündet er in der Christnacht den Heustock an. Seinen Schmerz stillt er, indem er Schmerz zufügt. »Warum soll er das Weh alleine tragen? Und er nimmt den Mauerbrocken, greift nach der Pfote und zerbricht der schnurrenden Katze das Bein. Er lauscht dem Geschrei des Tieres. Rührung kommt ihn an, und er bricht ihr das zweite Bein.«

Peters Verhalten ist nicht untypisch für das Eschberger Dorfleben. Aufgestauter Haß ergießt sich über Unschuldige. Unbegreifliches wird als Gefahr bekämpft. Im Andersartigen wittert man blanken Hohn. Als durch Peters Racheakt das halbe Dorf ein Raub der Flammen wird, verbrennen die Eschberger den Schnitzer Meistenteils bei lebendigem Leib: Er sei schuld, denn er habe die Mühen des Bergbauerndaseins nie geteilt, habe nach Lust und Laune gelebt und geschaffen, keck sein Spazierstöckchen geschwenkt, während sich die Bauern auf dem Feld abrackerten. Am meisten aber empört die Bewohner, daß er sich ein Häuschen streng nach dem Äußeren des Eschberger Tabernakels gebaut hat. »Daß ausgerechnet er – ein Schuldenmacher und Antichrist – mit Jesus die Wohnstatt teilte, war eine Ungerechtigkeit, die nach Sühne schrie.«

Zeit seines Lebens rebelliert Elias nicht gegen die Welt seiner Herkunft. Sein künstlerischer Aufstieg bleibt begrenzt; er verdankt sich, wie alle Neuerungen im Dorf, jähen Ausbrüchen selbstzerstörerischer Gewalt: Elias avanciert zum Orgelbalgtreter, nachdem sein Vorgänger stockbesoffen von der Empore in den Tod stürzt, und später zum Orgelspieler, weil sich der Schulmeister Oskar Alder an einem Dachbalken aufknüpft. Aber seine genialen Improvisationen, die Robert Schneider mit großem Können zur Sprache bringt, dergestalt, daß man sie, lesend, zu hören vermeint – ihre Klangfülle und ihr Ideenreichtum vermögen das Kirchenvolk gerade nur für die Dauer des Hochamts zu bannen. Nach dem Schlußsegen, den ihnen der senile Kurat Beuerlein freilich meist verweigert, werden die Kirchgänger wieder von sehr weltlichen Gefühlen heimgesucht.

Elias' Liebe zu Elsbeth bleibt unerfüllt, einzig weil er es nie wagt, ihr diese Liebe auch zu gestehen. »Niemals hätte ein Alder einem Menschen anvertraut, daß er ihn lieb habe. Alles mußte ohne Worte geschehen, und wenn, nur in Andeutungen und Halbheiten. Sprachlos waren diese Menschen, ja sprachlos bis in den Tod.« So fügt sich das Mädchen den Wünschen seines Bruders und heiratet einen rechtschaffenen Hoferben aus der Nachbarschaft. In einer einsamen Nacht, in der Elias antritt, Gott wegen seines Schicksals zu verfluchen, wird er vom Zwang zu lieben erlöst. »Erlösung aber ist die Erkenntnis der Sinnlosigkeit allen Lebens.« Und die logische Folge dieser Erkenntnis ist der Wunsch zu sterben.

Nach seinem großen Triumph beim alljährlichen Orgelfest in der Stadt, wo Elias' Improvisationen über den Choral »Kömm, o Tod, du Schlafes Bruder« die Zuhörer zu Beifallsstürmen hinreißen, geht er daran, sein Vorhaben in die Tat umzusetzen. Doch er tut es gegen den göttlichen Willen: Gott, so erzählt uns der Chronist, habe

Elias von der Liebe befreit, um ihm das Leben zu schenken. Elias aber stellt sich gegen Gottes Plan: »Selbst die hoffnungsloseste Leidenschaft ist leichter zu ertragen, denn keine Leidenschaft.« Die hoffnungsloseste Leidenschaft – sie beruht auf der Selbstlüge, daß Elias noch liebe. Während er, im Orgelspiel, seiner fremden Geliebten musikalisch gedenkt, hört er auf einmal Elsbeths Herzschlagen wieder. »Und er wurde unruhig, der Rhythmus könnte verlorengehen. Aber der Rhythmus blieb und verschmolz dem seines eigenen Herzens. Und es geschah, daß Elias wieder liebte.«

Am 9. September 1825, nach dem Genuß von Stechäpfeln, Narrenschwämmen und Tollkirschen, stirbt Elias infolge einwöchigen Schlafentzugs, da – wie einmal ein Wanderprediger den staunenden Eschbergern kundgetan hatte – wer schlafe, nicht lieben könne. Den Dorfbewohnern, selbst seinen Eltern bleibt Elias' Tod verborgen. Nur Peter ist Zeuge des Geschehens. Ihn läutert das Sterben des anderen: »Er empfand plötzlich Mitleid mit der leblosen Kreatur. Peter war nicht mehr der, der er war.«

So, oder fast so, endet die ungeheuerliche Geschichte, die uns Robert Schneider erzählt. Die er uns erzählen läßt: Denn der Chronist, der sich im Majestätsplural an den Leser wendet, stellt sich als eigenständiges literarisches Wesen zwischen Fabel und Autor. Mit großer Gebärde breitet er sein Wissen um den Helden und die schier endlose Zahl von Nebenfiguren vor uns aus. Immer wieder unterbricht er den Fortgang der Handlung, schweift ab, belehrt, mengt sich ein, faßt zusammen, sieht voraus, warnt, seufzt, tröstet. Trotzdem folgt der Leser dem Geschehen mit wachsender Erregung.

Das liegt zum einen an der bezwingenden Komposition dieser Prosa: Ihr dichtes Klanggewebe hindert Robert Schneider nicht daran, Gefühle zu entfesseln, die uns weit über die Geschichte hinaustragen. Der Zauber des Romans läßt sich in denselben Worten ausdrücken, mit denen Schneider das Wesen von Elias' Musik beschreibt:

»Wenn er also musizierte, versuchte er den Menschen bis auf das Innerste seiner Seele zu erschüttern. Er brauchte nur die gefundenen Harmonien in größere, musikorganische Zusammenhänge zu stellen, und der Zuhörer konnte sich der Wirkung nicht mehr entziehen. Ohne seinen Willen traten ihm dann die Tränen aus den Augen. Ohne seinen Willen durchlitt er Todesangst, Kindesfreuden, ja bisweilen gar erotische Empfindungen.«

Zum andern verblüfft die Gegenständlichkeit der Sprache Robert Schneiders, die Fülle von exakten Begriffen für Tätigkeiten, Eigenschaften, Regungen; der genau kalkulierte Griff nach archaischen und dialektalen Formen: Sie zerstreuen jeden Zweifel an der Authentizität dieser erfundenen Geschichte, verwahren sie aber gegen den Vorwurf der literarischen Realienkunde.

Bewundernswert ist die Fähigkeit des Autors, den komplexen philosophischen Gehalt seines Romans durch reines Erzählen wirken zu lassen. Oft nur mit einem Satz erfaßt Schneider, humorvoll oder mit wehmütiger Trauer, ein ganzes Menschenleben: »Kurator Beuerlein war ein gutmütiger, dürrer und sehr langnasiger Herr.« Oder: »Die Burga liebte die Menschen und das Leben, darum hatte man sie zur Dorfhure gemacht.« Der Roman ist voll von herzzerreißenden Episoden wie jener, bei der sich Burga im irrigen Glauben, sie habe ihren Geliebten vor sich, im Mondschein vor Peter und Elias entblößt, und voll von unübertroffen komischen Anekdoten wie denen um den Köhler Michel (hinter dem wir Schneiders näheren Landsmann Michael Köhlmeier vermuten), der sich eines Tages zum geistlichen Dichter aufschwingt und später, nach der Lektüre von Herders *Ideen zur Philosophie der Geschichte der Menschheit*, erfolglos darangeht, das darin beschriebene Menschengeschlecht der Kalifornier zu suchen: »Am Schicksal des Köhler Michel mag man ermessen, welch gewaltige Kraft das geschriebene Wort in jener Zeit noch besessen hat.«

Diese gewaltige Kraft spreche ich, ganz ohne die Schneidersche Ironie, dem Verfasser selbst zu. Er kümmert sich

nicht um die philisterhafte Forderung nach ›Weltläufig-
keit‹, ›Modernität‹, ›urbanem Lebensgefühl‹ und ›europäischen Standard‹. In den Menschen, die seinen Roman bereichern, finden wir alle Menschen; in Eschberg die
ganze Welt. Schneiders Rat, seine Botschaft könnte lauten: Sich durch die vorgefundene Enge des Daseins nicht
irre machen zu lassen, im Zweifelsfall für die Leidenschaft zu optieren, auf das Herzschlagen zu horchen, die
Liebe so heiter *und* todernst zu nehmen. Ich weiß, das ist
eine sehr utopische, sehr altmodische Botschaft. Hinter
dem trockenen Humor ihres Verkünders glaube ich einen
Geschichtenerzähler wahrzunehmen, dem ein Leben
vorschwebt, in dem niemand über andere verfügen darf,
in dem die Liebe wirklich gewiß und das Glück möglich
ist, und in dem die zum Aussterben verurteilten Geschlechter der Alder und Lamparter, vom alemannischen
Zweig der Familie Buendía aus Macondo, für immer und
endgültig eine zweite Chance auf Erden bekommen.

Aus: Allmende 14 (1994), H. 40/41, S. 200–204.
(gekürzt und abgewandelt auch in: Die Zeit, 1.10. 1992)

KLAUS ZEYRINGER

Felders Stiefbruder oder Der verkleidete Erzähler
Robert Schneiders Dorf-Geschichte

1 Die Bahn der Zitronenfalter

Als sich österreichische Literatur in den achtziger Jahren
besonders intensiv und deutlich öffentlich wahrnehm-
bar auf die aktuelle politisch-gesellschaftliche Realität
einließ, war in den Texten ein Widerstand angelegt, der
leicht den literarischen Pakt vergessen lassen konnte.

Wirklichkeit, einfach umgerechnet, mochte in dem Refrain *Kein schöner Land*, dem Titel von Felix Mitterers Stück über die Pflichterfüller und Verdränger (1987), als Besichtigungsfazit des Landes der Berge des Vergessens erscheinen. Ein am »Neuen Subjektivismus« geschultes Publikum, dem in einem Jargon der Betroffenheit das Autor-Ich oft genug als Erzähler-Ich – und umgekehrt – präsentiert worden war, konnte die Schriftsteller als maßstabgetreue Realitätenhändler verstehen. Jedoch ist allemal zu bedenken, wie Kontexte in die Texte eingelassen sind: Im literarischen Kalkül steht im Zähler ein Bild einer Möglichkeit einer Wirklichkeit, im Nenner freilich die Literatur, deren Vorzeichen in der Prosa u. a. von der Erzählhaltung gesetzt sind.

Das »Ja zur vollen und ganzen Wirklichkeit«, das Herbert Eisenreich 1961 gegen Hermann Brochs Überlegungen zum totalen Roman stellte, sollte im Roman das Vereinzelte, Zersplitterte des modernen Lebens »zurück ins Ganze der Schöpfung« rücken: »und schon erstirbt uns das Nein auf der Lippe«, folgerte Eisenreich in seinem – deutlich an die vorherrschenden konservativen Töne des österreichischen Literaturbetriebes der sechziger Jahre anklingenden – Konzept.[1] Diese Vorstellungen wurden von einer Avantgarde-Literatur konterkariert, die damals im Lande auf die Ablehnung der Herrschaften des PEN-Clubs stieß, die sich dem Traditionellen und der restaurativen Österreich-Idee verschrieben hatten, und erst Anfang der siebziger Jahre zunehmend öffentliche Anerkennung erlangte. Das »Ja zur vollen und ganzen Wirklichkeit« stand im Widerspruch zu den progressiven Ansätzen einer Avantgarde, der nach Joyce, Broch, Musil ein Erzählen, das Totalität abbilden und auch ein geschlossenes Werk bilden will, obsolet geworden war und die zudem die offizielle Wirklichkeit im Nachkriegsöster-

---

1 Vgl. Herbert Eisenreich: Der Roman. Keine Rede von der Krise. In: H. E.: Reaktionen. Essays zur Literatur. Gütersloh: Mohn, 1964, S. 50.

reich als Fassade, als Verkleidung der Realität empfand. In den Romanen von Hans Lebert (*Die Wolfshaut*, 1960) und Gerhard Fritsch (*Fasching*, 1967) etwa erscheinen des Gemeinwesens neue Kleider als Kostüme, unter denen die alten Uniformen blitzen, sind die aufgeputzten Österreich-Bilder als Fassadenschwindel und Kulissenschieberei entlarvt. Die Wirklichkeit ist weder »voll« noch »ganz«, sie ist umgekehrt und zerbrochen, gedreht und gewendet, und das »Nein« kommt in Bernhardscher Totalität der Gegen-Authentizität, die Wider-Sprüche einschließt, umso lauter über die Lippen.

Die Krise der Wirklichkeitserfahrung, die seit Anfang der achtziger Jahre immer deutlicher und intensiver eine der zentralen Fragen im Schaffen österreichischer Autorinnen und Autoren darstellt, ruft unterschiedliche literarische Antworten hervor, vom – selten – gehauchten »Ja« bis zum kategorischen »Nein«: Peter Handke polemisierte Ende der siebziger Jahre gegen die »Realitätstümler« und »Seins-Nichtse«, zog sich in seinen Elfenbeinturm der Beschreibungslust zurück, beschwört in utopischen Bildern der Harmonie von Mensch und Natur den Mythos einer Gegenwelt und die Erzählung als Hoffnung der Menschheit (z. B. *Die Wiederholung*, 1986), unternimmt eine Rekonstruktion der Welt. Bei Thomas Bernhard zerfällt sie, bei Werner Kofler steht der Text im unsicheren Gelände eines Wirklichkeiten-Möglichkeiten-Variations-Spieles zwischen »Ich.«, dem ersten, und »Nein.«, dem letzten Satz: in Koflers *Herbst, Freiheit* (1994) hat das Nein das letzte Wort.

Wie in den Überlegungen der »Wiener Gruppe« gilt Wittgensteins Auffassung aus dem *Tractatus*: »Der Satz ist ein Modell der Wirklichkeit, wie wir sie uns denken.« Dem entsprechend (be)deutet die Erzählhaltung eine Realität, gibt sie einen Ton an, der simulierend, abzeichnend ein »So war es wirklich« oder aber zweifelnd, verunsichert ein »War es wirklich so?« ausdrücken kann. Die Wirklichkeit, das thematisieren in den letzten Jahren die meisten literarischen Texte aus Österreich, ist teilbar, ist mehrstimmig, ist doppelbödig; nichts ist sicher, nichts stimmt, nichts ist wahr – und dann wieder alles. Bei Antonio Fian, Alois Hotschnig, Werner Kofler, Robert Menasse, Robert Schindel ... wird Wittgenstein abgewandelt: Die Brüche meiner Erzählung bedeuten die Brüche meiner Welt. Postmoderne wird zur Bruchmoderne.

»Ich ist ein anderer«, heißt es da nach Rimbaud, und »Wer erzählt?«, »Zu wem spreche ich?« wird gefragt. In Robert Schneiders *Schlafes Bruder* dagegen ist – scheinbar, wie wir sehen werden – die Erzählung noch in Ordnung: Ich ist der Erzähler; er spricht direkt zu einem, ihm offensichtlich mit Fortgang des Romanes immer besser bekannten Leser. Dieser Erzähler kommt, zumindest auf den ersten Blick, geradewegs aus der Dorfschule des 19. Jahrhunderts. Hier galt allerdings nach Berthold Auerbach und Otto Ludwig das Postulat der epischen Objektivität, daß nämlich der Autor als Integrationszentrum des Erzählwerkes möglichst zugunsten des erzählten Textes verschwinden müsse.

Bei Schneider aber tritt er nicht hinter den Text zurück. *Schlafes Bruder* kommt im Gewand des vorigen Jahrhunderts daher. Derjenige, der die Prosa so kleidet, der Erzähler, nimmt verschiedene Positionen ein: Bei genauer Betrachtung erweist sich dieses vorgeblich einheitlich ruhende Zentrum als gebrochene Perspektive, die Erzählhaltung als Mimikry, gemäß der Stelle im Roman, in der Elias die Bahn zweier Zitronenfalter auf einer sommerlichen Wiese als Bild der künstlerischen Komposition verdichtet sieht und damit auch das literarische Konzept des Romans selbst konzentriert einfängt: »Und so fing er an, der alten Melodie eine neue Melodie hinzuzufügen. Doch die Linien sollten sich gleichen, wie sich die Bahn der Zitronenfalter glich« (SB 69, Repetition im 2. Teil: SB 153). Und so (zer)flattert die Erzählhaltung. Die Zitronenfalter waren zuvor Puppen und stammen aus der »niedrigen Schreibstatt« des Erzählers, der diesen Ort der Kreation selbst »klein wie ein Puppenhaus« sieht (SB 198). Die alte Melodie, das ist die Dorfgeschichte, das sind Bruchstücke von Schneiders Landsmann, des Bregenzerwälder Bauern und Dichters Franz Michael Felder (1839–1869), sind kleine Scherben von dem Oskar Matzerath des Günter Grass (*Die Blechtrommel*, 1959), dem Grenouille des Patrick Süskind (*Das Parfum*, 1985). Die neue Melodie entsteht aus alten Brüchen und neuen Stücken, geordnet und festgehalten von einem allgegenwärtigen Erzähler. Es ist aber nicht jener der Postmoderne, denn der Erzählhaltung neue Kleider werden nicht als solche ausgestellt und sichtbar gemacht, sondern zum Schein durchgehend übergezogen. Die Postmoderne hat bekanntlich Umberto Eco als Haltung bezeichnet, die feste Bekenntnisse vermeide, indem sie dauernd Kulissen herumschiebe.

In *Schlafes Bruder* sind die vom Erzähler arrangierten Kulissen vordergründig ein Bekenntnis. Er setzt in dem Bereich an, den der »Anti-Heimatroman« der siebziger und beginnenden achtziger Jahre seiner idyllischen Fassaden beraubt hatte: Hier ist die traditionelle ländliche Zufluchtsstätte als Ort des Schreckens und der Finsternis, als soziales Gefängnis mit dem Tod als einzigem Ausweg vorgeführt. Die Natur, die von den Menschen zerstört wird und ihrerseits die Menschen zerstört (prototypisch im Werk Thomas Bernhards), spiegelt eine brüchige Welt, in der Identitäten zerfallen. Die postmodernen Verschiebungen, etwa Christoph Ransmayrs Ovid-Zitat »Keinem bleibt seine Gestalt« in dem Roman *Die letzte Welt* (1988), werden u. a. von Werner Kofler zerbrochen und in einem Wirbel der Erzählmöglichkeiten und -haltungen variiert. Schneider siedelt nun seine Geschichte in einer Zeit an, in der die ländliche Welt noch ganz, das Erzählen noch zu helfen scheinen mochte; er will die Kulissen wieder für die Welt halten, sie dem direkt angesprochenen Leser als Welt vorhalten.

2 Dorf-Geschichte

Die Geschichte des Musikers Johann Elias Alder, die Schneider im ersten Satz seines Romans als Thema anschlägt, umfaßt mit ihren Ausläufern das gesamte

19. Jahrhundert. Sie erzählt von jener Zeit, in der die literarische Gattung der Dorfgeschichte das höchste Ansehen und die breiteste Wirkung erreicht hatte, bevor sie im Nachmärz immer mehr in das triviale Genre des Heimatromans überging (sozusagen in ihrer ursprünglich engagierten Form, als Ort einer »littérature engagée«, ausgelöscht wurde wie bei Schneider der Ort der Handlung, das Dorf Eschberg).

In der ersten Hälfte des 19. Jahrhunderts entstand nicht nur im deutschen Sprachraum, sondern in den meisten Ländern Europas eine regionale und soziale Epik, die sich an der Darstellung dörflicher Lebensformen insbesondere im letzten Jahrzehnt des Vormärz entfaltete. Die Ursachen waren u. a. »das Erwachen eines sozialen Bewußtseins unter den bürgerlichen Intellektuellen angesichts des europäischen Pauperismus«[2], die langsam beginnende Veränderung der Lebensverhältnisse etwa durch Industrialisierung und Ablösung alter Obrigkeiten, das gesteigerte Interesse für die Landwirtschaft und also für die Bauern vor allem seitens liberaler Nationalökonomen. Der Dorfgeschichte, einer »Zeitprosa mittlerer Länge (10–170 Seiten) und einfacher, leicht überschaubarer Struktur«[3], kam eine aufklärerische, pädagogische Funktion zu; sie zielte, zumindest im Vormärz, nicht nur auf literarische Information, es ging ihr vielmehr auch darum, das Volk durch Bildung auf den Weg zur Mündigkeit zu führen.

Schlafes Bruder verweist in einigen Zügen auf die Dorfgeschichte, geht aber in wesentlichen Aspekten einen anderen Weg: Hier wird der leise Ton einer alten Gattung aufgenommen und laut als Teil einer neuen Melodie angestimmt. Konstante Noten dabei sind das Interesse am Ländlichen, der auch im Sprachlichen, in Formen des

2 Uwe Baur: Dorfgeschichte. Zur Entstehung und gesellschaftlichen Funktion einer literarischen Gattung im Vormärz. München: Fink, 1978, S. 19.
3 Ebd., S. 192.

Dialektes und der Umgangssprache teilweise umgesetzte realistische Anspruch, der Verweis auf eine Umbruchszeit, das Verhältnis von »Ferne« und »Nähe«.

Robert Schneider konnte auf ein seit den siebziger Jahren deutliches und ab Mitte der achtziger Jahre verstärktes Interesse traditioneller Leserschichten für eine »ursprüngliche«, ländliche Lebensform und deren Geschichte(n) bauen (und dazu auf den Wunsch, anders als im »Neuen Subjektivismus«, der von großen Teilen des Publikums zunehmend als Genre-Nabelschau empfunden wurde, wieder in »spannende Geschichten«, in andere Zeiten, andere Welten versetzt zu werden). Nach dem nüchtern pessimistischen Realismus, der die Ausweglosigkeit des »Bauern-KZ« (Franz Innerhofer, *Schöne Tage*, 1973) im »Anti-Heimatroman« beschrieben hatte, wurde 1984 mit dem großen Verkaufserfolg von Anna Wimschneiders *Herbstmilch. Lebenserinnerungen einer Bäuerin* – wie *Schlafes Bruder* von Joseph Vilsmaier verfilmt (1988) – ein Leserbedürfnis nach versöhnlicher ausklingenden Geschichten »von unten« in einfacher, teilweise anheimelnd poetischer Sprache manifest. Im selben Jahr 1984 erschien Maria Beigs *Rabenkrächzen. Eine Chronik aus Oberschwaben* schon in der 3. Auflage, und 1985 präsentierte der Salzburger Residenz-Verlag die immerhin von Peter Handke eingeleitete Autobiographie eines (außerhalb seiner engeren Heimat) vergessenen Dichters des 19. Jahrhunderts, der das damalige dörfliche Leben im Vorarlbergischen geschildert hatte: Franz Michael Felders *Aus meinem Leben* (geschrieben 1868/69).

Felder verweist in seinem Werk immer wieder auf die Entwicklungen und Brüche, die seine Welt wesentlich zu verändern beginnen und greift dabei auf die vormärzliche Dorfgeschichte zurück,[4] die eben deutlich im Zu-

---

4 Vgl. genauer: Klaus Zeyringer: Bauer und Dichter. Franz Michael Felder und die Dorfgeschichte. In: Wirkendes Wort 40 (1990), S. 352–376.

sammenhang mit dem gesellschaftlichen Wandel (ent)-
stand. Sie trat zu einer Zeit auf, »in der das nahezu ein
Jahrtausend während rechtliche und wirtschaftliche
Verhältnis von Bauer und Grundherr sein Ende« fand
und »in der die agrarisch-handwerkliche Epoche von der
industriellen abgelöst« wurde.[5] In der »Behandlung bäu-
erlichen Lebens«, konstatiert Uwe Baur, griff die Dorfgeschichte einen äußerst aktuellen und brisanten Stoff auf
und sprach damit ein Publikum einer Umbruchszeit an[6] –
ähnlich kann die Rezeption von Schneiders Roman cha-
rakterisiert werden. Den Beginn dieser Umbruchszeit
setzt Franz Michael Felder in einigen Texten mit 1808
an, als die abgeschlossene »Bauernrepublik« im Bregenzerwald durch die Verfassungsurkunde (1. Mai 1808) der
bayerischen Regierung aufgehoben wurde. Er bezeichnet die Zeit, in der langsam äußere Einflüsse in ländliche
Strukturen eindrangen, als »Zeit, wo die ›Wälder‹ nach
einer beinahe tausendjährigen Abgeschlossenheit von
der Welt in etwas lebhafteren Verkehr mit derselben kamen«.[7]
Auf eine Umbruchszeit und Neuerungen von »draußen«
verweist Robert Schneiders Erzähler einige Male:

> Die Zeit des mittelalterlichen Schlafs neigte sich auch in Esch-
> berg dem Ende zu, und in den vorarlbergischen Städten hatten
> bereits waghalsige Spekulanten damit begonnen, kuriose Bau-
> werke zu errichten, welche sie hernach mit dröhnenden Un-
> getümen aus Eisen auffüllten. Das Stickereiwesen faßte Fuß. Es
> würde dieses elende Bauernland dereinst in ein prosperierendes
> Zentrum elender Geschäftstüchtigkeit verwandeln. (SB 154)

Hier berichtet der Erzähler im ersten Satz aus der Perspektive des 19. Jahrhunderts von »kuriosen« Neuerungen, dann aber, im dritten Satz, aus einer im Heutigen fi-

5 Baur (Anm. 2), S. 47.
6 Ebd.
7 Franz Michael Felder: Nümmamüllers und das Schwarzokaspale. Bregenz: Lingenhöle, 1978 (= F. M. F.: Sämtl. Werke 1), S. 39.

xierten Überschau: Die Umbruchszeit bewirkt einen Bruch in der Erzählhaltung selbst. Das Jahr 1808 spielt – nun nicht im öffentlichen, sondern im intimsten Bereich – auch in *Schlafes Bruder* eine wesentliche Rolle, denn genau in diesem Jahr erfährt das »innere« Leben des Johannes Elias Alder die entscheidende »Neuerung« von »draußen«: Elsbeths Geburt (SB 51 f.).

Der Bregenzerwälder Franz Michael Felder knüpft mit seiner Dichtung bei Berthold Auerbach an, der der Gattung Dorfgeschichte den Namen gegeben hatte und in der zweiten Hälfte des 19. Jahrhunderts zu den erfolgreichsten Autoren deutscher Sprache gehörte. Auerbach setzte wohl voraus, daß der Dichter mit seinem Gegenstand, dem ländlichen Raum, intensiv vertraut sein müsse; ein Mann, der »ganz und unmittelbar im Volke« stehe, sei aber im Provinziellen gefangen und gelange zu keiner Überschau – nur eine »dichterische und philosophische Ferne« ermögliche es, über den Detailrealismus hinaus das Allgemeine darzustellen.[8] Felder, der dem gegenüber eine zunehmend kritische Haltung einnahm, fand Auerbachs Bauern wenig »lebensecht« (es fehle ihnen der »Stallgeruch«) und steht für eine Verbindung von »Nähe« und »Ferne«: Er, der selbst Bauer war (Nähe), hatte sich seine Überschau (Ferne) durch Lektüre, zwei längere Reisen, politische und sozialreformerische Aktionen sowie durch das Schreiben erarbeitet und führte die Dorfepik des Vormärz zwei Jahrzehnte später »von innen heraus« weiter. Er verurteilte einen »unschön machenden Realismus«; die Dorfgeschichte habe vielmehr die Aufgabe, noch in den »verkrüppeltesten Gestalten (...) das Allgemein-Menschliche zum Ausdruck kommen« zu lassen.[9] »Verkrüppelte Gestalten« gibt es in *Schlafes Bruder* zuhauf. Aber wenn sie das »All-

8 Vgl. Baur (Anm. 2), S. 98 f.
9 Franz Michael Felder an Kaspar Moosbrugger, Brief vom 30. 7. 1865. In: F. M. F. – K. M.: Briefwechsel. 1. Teil. Bregenz: Lingenhöle, 1970 (= F. M. F.: Sämtl. Werke 5), S. 200.

gemein-Menschliche« ausdrücken, dann eher im Negativen – so hatte es Felder freilich nicht gemeint. Die Nähe und die Ferne verbinden bei Schneider nicht nur einige Figuren (am deutlichsten jener Köhler Michel, der das Land Kalifornien sucht und ein negatives Abbild der zahlreichen Vorarlberger »Fremdler« des 19. Jahrhunderts ist) – es verknüpft sie auch der Erzähler, dessen Abstand zum Text schwankt. In dem auf die Feststellung und Fixierung (9. September 1825) des Todes von Johannes Elias Alder folgenden Absatz wechselt die Erzählhaltung aus der Nähe zum erzählten Geschehen in eine Überschau (»wir blicken hinab«), in eine dem zuvor Geschilderten gegenübergestellte Ferne der Zeit (»jetzt«) und der Stimmung der Gegenwarts-Welt des Erzählers (»Fröhliches Kindergeschrei«), die eine sprachliche und geographische Nähe (der antiquierte Ton: »Schreibstatt«, »Puppenhaus«, die »fahlgrau verschneiten Hänge«) mitschwingen läßt:

> Wir heben die Augen von diesen Papieren und blicken aus unserer niedrigen Schreibstatt – klein wie ein Puppenhaus – hinab auf die jetzt fahlgrau verschneiten Hänge. Fröhliches Kindergeschrei und das helle Jauchzen einer jungen Mutter hören wir. Und wir sehen die lebendigen Knäuel mit ihren Schlitten heraufkommen, spüren die Freude dieser Kinder (...). Nein, wir trauern nicht um diesen Menschen. (SB 198)

Die Ferne in *Schlafes Bruder* war bis hierher – zumindest scheinbar – die Erzählhaltung, war Standort eines aus der Überschau ordnenden, moralisierenden Erzählers, dessen »Schreib- statt« an dieser Stelle Nähe und Ferne unter ein Dach bringt: »Wir heben die Augen von diesen Papieren« – und die folgende kleine Szene steht gleichzeitig außerhalb des Textes und im Text.

Dem realistischen Anspruch der Dorfgeschichte, der sich u. a. in exakten topographischen und zeitlichen Angaben äußert, scheint Schneider zu entsprechen, indem er etwa auffallend oft genaue Daten nennt und so den

Anschein einer historisch fundierten Schilderung erweckt. Da seine neue Melodie aber nur Bruchstücke der alten übernimmt, zieht er den Orten seiner Handlung ein real anmutendes Gewand über, das stimmen mag – aber falsch ist: Alle seine in Vorarl*berg* angesiedelten Ortsnamen enden auf -*berg*, und so werden sie mit einheitlichem Postfix in *Schlafes Bruder* zu der realen Namen Brüder, Feldkirch zu Feldberg, Dornbirn zu Dornberg, Hohenems zu Hohenberg, Götzis zu Götzberg, und entsprechend ist Schneiders Wohnort Meschach in (M)Eschberg zu finden. Nicht nur die Erzählhaltung, der Ort der Erzählung, sondern auch der Ort der Handlung erweist sich als Mimikry.

Die dargestellte Umbruchszeit ist an Um-Bruch-Orte gebunden und ergibt so eine Um-Bruch-Geschichte. Die erzählte Totalität der Dorfgeschichte ist in ihrem alten Fluß gestört. Sie wollte das gewöhnliche Leben auf dem Lande schildern, keine »unerhörte Begebenheit« – deren Doppelsinn Schneider aufgreift: Er stellt ein ungewöhnliches Leben und Sterben dar und gleich im ersten Satz aus.

Seine Geschichte knüpft er mit Fäden des 19. Jahrhunderts, aber auch der Moderne und der Postmoderne, die jeweils eine Figur in den Hintergrund von *Schlafes Bruder* stellen und eine außerordentliche Intensität der Sinne und Entwicklung der Organe illustrieren: Oskar Matzerath, der sein Wachstum mit drei Jahren eingestellt hat, verfügt über eine besonders ausgebildete Stimme und sieht aus seiner Perspektive »von unten« überdeutlich die Strukturen seiner Zeit; der kleine, verkrüppelte Grenouille (= »Frosch«-Perspektive) ist mit einem märchenhaften Geruchssinn ausgestattet; Elias – in der Szene seines ersten Hör-Erlebens jäh gewachsen und dann wieder geschrumpft – ist ein begnadeter Musiker mit einem unglaublichen Gehör. Alle drei Figuren stehen in einem Text und Kontext, der am traditionellen Bildungsroman arbeitet. In *Schlafes Bruder* wird der Entwicklungsroman gebrochen, indem die Hauptfigur selbst ihre Entwicklung abbricht und »das Leben zu Tode bringt«.

3 Felder und Schneider

Nicht nur Gattung, Zeit und Ort verweisen auf Franz Michael Felder, sondern auch Name (Alder), Schicksal eines in der Heimat zunächst kaum erkannten Künstlers, der früh stirbt (Felder nicht einmal dreißigjährig 1869, nachdem er im Jahr zuvor sein geliebtes »Wible« verloren und seinem Freund und Schwager Kaspar Moosbrugger erklärt hatte: »Jetzt ist es aus und mit mir auch«[10]), und ein Teil der Rezeptionsgeschichte: von »jungen Hitzköpfen« wird ein »Elias-Alder-Verein« gegründet, »welcher es sich zur Aufgabe machen wollte, dem Musikanten ein ehernes Standbild zu schaffen« (SB 185) – 1910 wurde in Vorarlberg der erste »Franz-Michael-Felder-Verein« ins Leben gerufen; der Streit um die Aufstellung eines Felder-Denkmals in Schoppernau hatte Ende des 19. Jahrhunderts im Bregenzerwald die Gemüter erregt. Und in den Texten Felders finden sich einige Motive, die in *Schlafes Bruder* neu anklingen.

Der Stein im Wasser, auf dem sich die Wandlungen des Elias im Leben und zum Tode konzentriert vollziehen, hat ein Pendant in einer zentralen Episode, die Felder in seiner Selbstbiographie *Aus meinem Leben* schildert. Als er bei Hochwasser in die reißende Ach stürzt, klammert er sich – kaum mehr bei Bewußtsein – an einen großen Stein. Der Konflikt mit der Gemeinschaft erreicht hier aus der Sicht des autobiographischen Ich-Erzählers einen Höhepunkt. Mehrere Dorfbewohner sehen ihn in der lebensgefährlichen Lage, helfen aber nicht: »Dort kamen wieder Leute, schauten flüchtig herüber. Herr Gott, ich will doch lieber da liegen, als bei euch sein wie ihr«.[11]

---

10 Vgl. Franz Michael Felder – Kaspar Moosbrugger: Briefwechsel. Kommentar v. Walter Methlagl. Bregenz: Lingenhöle, 1975 (= F. M. F.: Sämtl. Werke 7), S. 294.
11 Franz Michael Felder: Aus meinem Leben. Bregenz: Lingenhöle, 1974 (= F. M. F.: Sämtl. Werke 4), S. 263.

Die Landschaft erscheint bei Felder und bei Schneider in ähnlichen Bildern von Bergen, Hängen, Wäldern, Wasserläufen. So beginnt Felders Roman *Sonderlinge* (1867) mit der Schilderung eines unfreundlichen Julitages 1859: »Der Nebel hing so dicht auf die Häuser herab, als ob er sich in den Ästen der die Dörfer des Bregenzerwaldes umgebenden Tannenwälder verwickelt habe und gar nicht mehr fortkommen könne«.[12] Schneider eröffnet das Kapitel »Das Wunder des Hörens« mit einer entsprechenden (hier: winterlichen) Szenerie: »Den ganzen Nachmittag schwappte der Nebel vom Rheintalischen herauf (...). Der Nebel gefror in den Wäldern, zog eisige Fäden von den Zweigen und beschlug die Rinde der Tannen südseitig.« (SB 30) Schneider, der erzählerische Bruchstücke einzusetzen weiß und in seiner neuen Melodie Motive umkehrt, fährt dann aber in der Manier des Märchens der Großmutter in Büchners *Woyzeck* (geschrieben 1836/37) fort: »An diesem Nachmittag lagen sich Mond und Sonne gegenüber. Der Mond eine zerbrochene Hostie, die Sonne die Wange der Mutter.« (SB 30) Die ganze Stelle findet in einem kompositorischen Programm, das u. a. auf der Repetition von Akkorden aufbaut, im zweiten Teil des Romanes eine leicht variierte Wiederholung, die in einem Rahmen von Musik, Natur und Feuer steht, und zwar zwischen den Sätzen »Die Natur wurde Musik« und »Der Schein des ersten Feuers wurde Musik« (SB 176): Natur als Ursprung der Kunst; Natur dann als Bedrohung, gespiegelt in der Kunst.

Die Elemente können auch bei Felder bedrohlich werden, die Katastrophe am Ende seiner Romane ist aber immer eine reinigende, die dem Gemeinwesen eine neue Basis bietet und so im Ausblick die Vorstellung einer Sozialutopie ermöglicht. Das Feuer, das bei Schneider in einer dritten Brandnacht am Ende des Jahrhun-

---

12 Franz Michael Felder: Sonderlinge. Bregenz: Lingenhöle, 1976 (= F. M. F.: Sämtl. Werke 2), S. 17.

derts das Dorf Eschberg endgültig zerstört, ist bei Felder der Ausgangspunkt für einen besseren Neuanfang. Gegen Schluß des Romans *Reich und Arm* (1868) ist das ganze Dorf Au im Bregenzerwald von den Flammen bedroht:

> Ein gewaltiger Windstoß trieb die weit über den Stadel hinwallende Flamme gegen das Haus, an dessen oberer Ecke sie schon im nächsten Augenblick mit der Schnelligkeit des Sturmes rechts und links emporklomm. Das Feuer schwoll und schwoll, die einzelnen Flammenstränge liefen wie Bäche zusammen, der Sturm trug den ersten schrillen Klang der Sturmglocke wie einen Warnruf übers Dorf, dessen hintere Hälfte verloren war, wenn der Wind nicht ruhiger wurde.[13]

Aus einem brennenden Haus wird ein kleines Mädchen gerettet – ebenso wie Elias in *Schlafes Bruder* Elsbeth aus den Flammen holt. Während aber bei Felder die Dorfgemeinschaft das Feuer als »Strafe Gottes« versteht und den Vorsatz faßt, toleranter und hilfreicher zusammenzuleben, rüsten bei Schneider die Eschberger Männer zu einer Strafexpedition gegen einen Sündenbock, den sie bestialisch ermorden, und grundieren so ihre Gemeinschaft mit einer nie ausgesprochenen Schuld.

In der von Felder und von Schneider geschilderten Umwelt treten naturgemäß ähnliche Strukturen und Figuren hervor, handelt es sich doch hie wie da um eine dörfliche Gesellschaft im Vorarlberg des 19. Jahrhunderts: Die Geistlichkeit spielt eine wesentliche Rolle, der Pfarrer steht wohl über, aber immer auch in der öffentlichen Meinung; Schwätzerinnen verbreiten Tratsch und Gerüchte; die Männer treffen sich im Wirtshaus, Stallgeruch haftet ihnen an ...

Die Welt freilich erscheint in einem jeweils anderen Lichte. Im Vergleich zu der breiten, heute teils leicht idyllisierend anmutenden, durchaus aber immer noch an-

---

13 Franz Michael Felder: Reich und Arm. Bregenz: Lingenhöle, 1973 (= F. M. F.: Sämtl. Werke 3), S. 342.

mutigen Erzählung Felders, die das Augenmerk deutlich auf soziale Verhältnisse richtet und nicht selten entsprechende Reflexionen bietet, zu einer in den »realistischen« Effekten gemäßigten Fiktion, die versöhnlich endet, ist Schneiders Roman eine Prosa, die knapper schildert, die ins Intime und »Unerhörte« vordringt, das Augenmerk auf Verhältnisse im Menschen richtet und mit Grausamkeiten nicht spart, eine Fiktion, die packen will, die vom ersten Satz an auf den Tod zusteuert.

Es ist hier nicht die Frage, ob oder wie genau Robert Schneider die Texte seines Landsmannes Franz Michael Felder gelesen hat. Bekannt ist ihm Felder sicher – wie fast allen in Vorarlberg, wo seit mehr als hundert Jahren kritische Menschen, Außenseiter, »Hitzköpfe« als »Felder« bezeichnet werden, wo z. B. 1978/79 ein politischer Streit in Zeitungen und Landtag ausgetragen wurde, da sowohl Sozialisten als auch Christdemokraten Felder für sich reklamierten. Schneiders Kollege Michael Köhlmeier stellte dementsprechend 1985 fest: »Lange Zeit war es in Vorarlberg so: Ungefähr jeder, der sich ein literarisches Pferdchen vor seinen Karren spannen wollte, hat ihn herausgezerrt – den Bauern, Dichter, Sozialreformer Franz Michael Felder aus Schoppernau«.[14] Schneider erzählt aus der gleichen Welt wie Felder – die Perspektive aber ist eine andere.

4 Erzählhaltungen

Franz Michael Felder stellt gemäß einer Konstante der Dorfgeschichte das Leben im Dorf als gegenwärtiges und im geschichtlichen Prozeß befindliches dar;[15] bei Schneider ist es vom ersten Satz an als vergangenes und vergängliches fixiert, aus der Perspektive des Erzählers ist

14 Michael Köhlmeier: Jeder holt sich, was er braucht. Wider die Ausbeutung des Werks von Franz Michael Felder. In: Die Presse, 19./20. 1. 1985.
15 Vgl. Baur (Anm. 2), S. 87.

der geschichtliche Prozeß abgeschlossen. Felder vermag als Bauer und Dichter die zwei möglichen Erzählerrollen der vormärzlichen Dorfgeschichte zu vereinen: Er ist »der einfühlsame Vertraute des Volkes« und kann ganz aus dessen Perspektive sehen, da er jedes Detail des geschilderten Lebensraumes kennt, und er »profiliert seine Außensicht durch eine intensive Schilderung der Existenzsorgen und Nöte des Volkes«.[16] Der Erzähler steht ordnend, referierend, erläuternd im Zentrum, handelt aber nicht mit. Selten spricht er den Leser direkt an, aber er verschwindet auch nicht hinter der Geschichte, sondern begleitet sie als Garant der Authentizität, durch seine Beobachtungen und Reflexionen, die allgemeingültig erscheinen mögen, da eben der Erzähler diskret, mittelbar bleibt. Er stellt hinter dem Persönlichen auch die größeren gesellschaftlichen Zusammenhänge aus. Entsprechend situiert der Erzählanfang die Geschichte: »Oben im Dorf (...)«, beginnt etwa Felders erster längerer Prosatext, der einzige explizit »Dorfgeschichte« benannte, *Nümmamüllers und das Schwarzokaspale* (1863).

Schneider hingegen setzt die Ankündigung, daß es um Besonderes gehe, in den ersten Satz des Romans (»Das ist die Geschichte des Musikers Johannes Elias Alder«) und bringt damit eine verdeckte Hauptfigur ins Spiel, den Erzähler, der in veraltet anmutendem Ausdruck (»der zweiundzwanzigjährig sein Leben zu Tode brachte«) eine unerhörte Begebenheit (»nachdem er beschlossen hatte, nicht mehr zu schlafen«) zu referieren verspricht: »Die Welt dieses Menschen und den Lauf seines elenden Lebens wollen wir beschreiben.« (SB 9) Hier plaziert sich eine Instanz im Zentrum, strebt Totalität an, ruft »Welt und Leben« auf. Dieser Anfang bildet den Grundpfeiler eines Spannungsbogens, über den der Leser in den Text hineingezogen werden soll.[17]

16 Ebd., S. 89
17 Entsprechend steht der erste Satz als »Lesefang« auf dem Schutzumschlag der Leinenausgabe.

Schneiders Erzähler stellt die Verbindung zwischen dem 19. Jahrhundert und den neunziger Jahren des 20. Jahrhunderts her, sowohl im Text als auch im literarhistorischen Sinn: Der alte Duktus wird von einem modernen Stimmenimitator in den Dienst genommen (so wie der Hauptfigur die »außerordentliche Begabung zur Imitation fremder Stimmen« bescheinigt wird; SB 58).

Der Erzähler scheint das Prinzip der Nähe und der Ferne anzuwenden. Seine Aufgabe nennt er im Präludium, im 3. der drei kurzen Einleitungskapitel, in denen zuerst das Thema der Melodie angespielt wird, dann der letzte Ton ins 20. Jahrhundert führt (»ALS 1912 [...], SB 10) und die Auslöschung des Ortes der Handlung ausführt, schließlich eine allgemeine Reflexion die Bedeutung der unerhörten Begebenheit erläutert, bevor im 4. Kapitel (»Die Geburt«) die Lebensgeschichte der Hauptfigur einsetzen kann. Seine Aufgabe, erklärt der Erzähler, sei nicht jene der Dorfgeschichte und ihrer Ausläufer: »Leben und Bräuche (...) in einem Buch niederzulegen, (...) mit präziser Feder (...), diese Aufgabe mag sich ein Freund der Heimatgeschichte stellen« (SB 12). In *Schlafes Bruder* geht es vielmehr um ein Einzelschicksal, das erschüttert und erschüttern soll, also Erzähler und Leser in gemeinsamem Empfinden verbinden will: »Als uns das bestürzende Schicksal des Johannes Elias Alder zu Ohren kam, da wurden wir still.« (SB 13 f.) In der häufigen Pluralbezeichnung äußert sich zweierlei: ein alter Erzählduktus und der Versuch, den Leser in die Perspektive des Erzählers zu ziehen.

Eine ständige imaginierte Zwiesprache mit dem Leser begleitet den Fortgang der Geschichte, will sich der Gefolgschaft versichern:

> »Ein Leser, der uns zwischenzeitlich bis an diesen Punkt gefolgt ist, mag sich die Frage vorlegen, weshalb wir uns so ausführlich über den hitzigen Kuraten verbreiten und nicht endlich die Erzählung auf jenes sonderliche Kind hinführen. Er möge sich diese Frage bewahren.« (SB 27 f.)

So wird suggestiv eine Gemeinschaft hergestellt: »Vergeblich wartet der Leser mit uns« (SB 61), »Unser Leser, mit dem uns zwischenzeitlich ein Gefühl fremder Vertrautheit verbindet (...)« (SB 96). Während in auffallend vielen Prosatexten der achtziger und beginnenden neunziger Jahre nicht nur die Frage gestellt wird, wer hier erzähle, sondern auch »zu wem spreche ich?«, greift Schneider also auf eine Haltung zurück, die – scheinbar ungebrochen – eine literarische Kommunikation herzustellen vorgibt. Der Bruch aber ist in dem Ausdruck »ein Gefühl fremder Vertrautheit« fixiert. Und so kann denn die Behauptung, daß gegen Ende des Romanes der Leser »uns ein guter Freund geworden ist« (SB 202), nur als Wunsch des inzwischen auch in seiner Lebenssituation geschilderten Erzählers (SB 198) und als Formel des 19. Jahrhunderts verstanden werden.

Von Beginn des Romanes an regiert deutlich jener ordnende, allwissende Erzähler den Text. Was »nicht einmal die Alten im nahen Götzberg ahnten« (SB 10), er weiß es aus der Ferne der Überschau; was in den Figuren vorgeht, kann er ebenso schildern wie einen höheren Plan: »Überdies gefiel es Gott, (...). Gott schuf einen Musikanten (...). Die Menschen aber vollendeten in ihrer himmlischen Einfalt diesen – wir wollen es nicht anders bezeichnen – satanischen Plan« (SB 13). Die Instanz tritt aus ihrem Satz hervor und bekräftigt ihre Wortwahl, ihren Ausdruck, der sich an jene Sprachgewohnheiten der hier erzählten Zeit anlehnt, die mit einer personifizierten Natur (»beschloß die Natur«, SB 10, SB 92) und mit himmlischen Mächten Zwiesprache zu halten vorgaben und so der Welten Lauf, wo er in Ursache und Grund unerklärlich blieb, erklärten (»es gefiel Gott«). In entsprechend kindlicher Sprache mit Diminutivformeln wird die öffentliche Aufnahme in die Glaubensgemeinschaft aus der Perspektive des Kindes berichtet, am Ende des Satzes aber steht gleich wieder ein Rückverweis auf den (zu)ordnenden Erzähler (»*unser* Elias«): »(...) wollen wir dennoch festhalten, daß kein Kommunikant so fromm und lauter das Jesulein in sein Herzkämmerchen treten ließ als unser Elias Alder.« (SB 47) Ist es hier noch die gespiegelte Sicht der Hauptfigur, so scheint der Erzähler in einer Passage gegen Ende des Romanes selbst gerade aus der Christenlehre zu kommen: »Daran glauben wir mit kindlichem Ernst, denn das Böse ringt so lange mit dem Guten, bis es im Guten untergeht.« (SB 201)

Regelmäßig hat Schneider in seinen Roman typische Versatzstücke alter Erzählmanier eingestreut: »Das hat folgende Bewandtnis« (SB 28), »und davon wird später noch ausführlich die Rede sein« (SB 29), »wovon im kommenden Kapitel zu erzählen ist« (SB 40), »Wir müssen den Spuren unseres Helden folgen« (SB 76), »Es ist zu berichten, wie (...)« (SB 97), »Wir müssen uns vor Augen bringen« (SB 99), »Es fügte sich« (SB 136), »Nun ist zu erzählen, was sich in der Nacht des Karsamstags und an dem darauffolgenden Ostermorgen ereignete. Damit eröffnen wir gleichzeitig das wohl glücklichste Kapitel im Leben unseres Helden.« (SB 111) Die letzte Floskel zeigt den vorgeblich allwissenden Erzähler in einem gebrochenen Duktus: An anderen Stellen weiß er von allen möglichen Gefühls- und Seelenregungen seiner Figuren zu berichten – und hier setzt er vor das »glücklichste Kapitel im Leben unseres Helden« das Wort »wohl«, drückt also aus, daß er seiner Sache doch nicht ganz sicher sein kann. Einige Seiten später allerdings weiß er es doch genauer: »Noch vieles gäbe es aus dieser Zeit zu berichten, die für Elias Alder die Zeit höchsten Glücks gewesen ist.« (SB 117)

Der Erzähler zieht sichtbar die Fäden. Er schafft eine Ordnung der Ereignisse – benennt das Feuer als das erste, das zweite, das dritte –, eine Ordnung von Vorausdeutungen und Rückgriffen, von Gleichzeitigkeit und Ungleichzeitigkeit, von Nahem und Fernem; er spannt ein Motivnetz, baut ein Repetitionsgerüst. Er waltet in seinem Text, steht über der Welt und Gott, dessen Innenleben er ebenso kennen kann wie jenes anderer Figuren: »Gott wollte ihn leben lassen, denn es gereute ihn, als er sah, wie sehr dieser Mann an der Liebe litt.« (SB 160) Und von Gott über Elias wird im nächsten Satz die Brücke zur Erfahrung des Lesers geschlagen: »Aber ist es dem Leser nicht auch schon begegnet, (...)« (SB 160).

Seine Rolle als Instanz setzt der Erzähler jedoch aufs Spiel, denn er schlüpft in verschiedene Rollen und reagiert selbst auf die Schilderung. Er ist Chronist, Historiker, der einen Teil seines Wissens aus den Akten haben will (SB 19, SB 103, SB 163) und eine recht traditionelle Geschichtsauffassung vertritt, wenn er meint, daß »wir aus den Lebensgeschichten der Großen dieser Welt« lernen (SB 149). Er greift belehrend (SB 149, SB 199), beratend (SB 95) ein, fühlt mit: »Wir denken an den Ostertag des Jahres 1820, und unser Herz überschlägt sich vor Freude.« (SB 67) Der Erzähler, der – ständig hervortretend – im Roman präsent ist, nimmt keineswegs eine konsequente Haltung ein. Deutlich sind die Brüche; alles steht auf einem doppelten Boden, der zwischen Nähe und Ferne, zwischen Geschichte und Bewußtsein des 19. Jahrhunderts und des 20. Jahrhunderts schwankt. Während die Überschau deutlich aus einer heutigen Sicht erfolgt, äußert sich der Erzähler in moralisierenden Passagen in der Art der erzählten Vergangenheit.

Einmal ist der Erzähler allwissend, sieht Elsbeths Träume, kennt die Gedanken ihrer Mutter, die Pläne, die die Hebamme »im geschwätzigen Kopf hin- und hergewälzt hatte« (SB 15), den Wortlaut der Gespräche zwischen Elias und Peter, denen er ins Herz schaut – »Schwöre«, fordert Elias, »daß alles, was nun und in der Folgezeit geschieht, in deinem Herzen verschlossen bleibt bis zum Jüngsten Gericht!« (SB 187) –, kann schließlich berichten, wie sich der sterbende Elias fühlt. Dann wieder beschränkt er sein Wissen (»wir wollen es auch nicht wissen«, SB 68), gibt er vor, einfache Gesten nicht erklären zu können: »Dann, wir wissen nicht weshalb, strichen sie einander durchs Haar« – und gleich darauf:

»Peter jedoch fühlte mit Gewißheit, daß der Freund ihn niemals verraten würde.« (SB 88)

Einmal ist er mitten im Geschehen, gibt sich etwa als Augenzeuge der Begeisterung nach der Improvisation von Elias beim Orgelfest (»Hüte wurden in die Luft geworfen, Körbe, Halstücher, und wir meinen gar ein Bündel Windeln in die Höhe fahren gesehen zu haben«, SB 182) – und steht dann gleich wieder über allem, indem er berichtet, daß niemand bemerkt habe, daß Elias »vor Glück und Erschöpfung weinte« (SB 183). Der Erzähler ventiliert sogar die Möglichkeit, mit eigener Hand seine Hauptfigur aufzurütteln: »Mit zorniger Faust möchten wir diese fiebrig herumirrende, schwarz-dürre Gestalt (...) festhalten, sie bei den Schultern fassen und ihr ins Gesicht schreien: ›Rede endlich! (...)‹« (SB 136). Dieses Vorhaben läßt der Erzähler nicht etwa deswegen bleiben, weil die referierte Geschichte sich vor langer Zeit genau so zugetragen hätte, wie er selbst, der Erzähler, »Zeugnis ablegen« (SB 150) will, sondern weil Elias diesen Eingriff nicht verstehen würde. Die Figur verweigert dem Erzähler den Anachronismus und zwingt ihm ihr Wertsystem auf:

> Er würde uns mit bösen Augen ansehen und mit vorwurfsvollem Ton fragen: »Ist nicht die Liebe wichtiger als das höchste Genie dieser Welt?« Wir müßten verstummen. Und weil wir das wissen, fassen wir ihn nicht mit zorniger Faust bei den Schultern. (SB 136)

Nein, verstummen will der Erzähler natürlich nicht. Aber er, der die Literaturbrüche der Postmoderne kennt und vorgibt, eine »volle und ganze Wirklichkeit« abzubilden, kann das Zersplitterte des modernen Lebens auch nicht durch einen Rückgriff auf alte Zeiten »zurück ins Ganze der Schöpfung rücken«. Es kommt ihm die eigene Erzählhaltung in die Quere, in ihr sind – auch wenn sie sich anders zu geben bemüht – die Risse der Bruchmoderne angelegt.

Der Erzähler, der den Ausgang der Geschichte im ersten Satz angekündigt hatte, behauptet nach einem Drittel des Romans: »Vergeblich wartet der Leser mit uns auf ein äußerliches Ereignis, welches den jungen Mann endlich aus seinem engbestirnten Dorf wegrufen möchte.« (SB 61) Wie kann er auf ein Ereignis warten, wenn er von vornherein weiß, daß es nicht eingetreten ist? Und nach der Beschreibung der Abenteuer des Köhlers Michel in der Fremde erklärt eine Formel: »Wir verlieren den Köhler Michel für immer aus unseren Augen« – der nächste Satz aber bedeutet die Unwahrheit der vorhergehenden Behauptung, indem er doch ein Bild, das letzte jenes Köhler Michel, liefert, worauf gar noch seine Nachkommenschaft in den Text gerückt wird: »Er starb in methusalemischem Alter von einhundertacht Jahren, sein Todesjahr war die Wiege dieses Jahrhunderts. Die Kinder und Kindeskinder haben dem Vater zur Ehre gereicht (...)« (SB 158 f.). Da sind wir also, in einer neuen Zeit. Der Erzähler ist ein moderner, der nach der alten Gleichung, daß die Form dem Inhalt entsprechen möge, in das Gewand der Vergangenheit schlüpfen will – dies aber wird naturgemäß zur wechselnden Verkleidung. Die falsche Formel-Maske ist etwa im Bericht von Feldberg erkennbar: »Darum fügen wir uns unsichtbar in die Szene und beschreiben, was war.« (SB 166) Unsichtbar ist der Erzähler in diesem Roman freilich nie; er trägt ein Kostüm aus alter Zeit, dessen Nähte an einigen Stellen aufgegangen sind und darunter den modernen Anzug hervorschauen lassen.

5 Brüche

Einen alten Erzählduktus verwendet auch Erich Hackl für einige Passagen seiner Erzählung *Sara und Simón* (1995), indem er Folterszenen im Stil der Grimmschen Märchen und am Beginn eines zentralen Abschnittes das Vergehen der Zeit nach Johann Peter Hebels *Unverhofftes Wiedersehen* (1811) schildert. Diese Technik verleiht den berichteten Vorfällen, die sich in den siebziger und achtziger Jahren des 20. Jahrhunderts in Argentinien und Uruguay abgespielt haben, eine Erkenntnisdistanz in alter und dadurch angenommen »zeitloser Struktur«, verweist auf Allgemeines hinter Persönlichem, auf die Wiederkehr des Gleichen. Robert Schneider setzt, scheinbar durchgehend, auf den alten Duktus für Ereignisse einer alten Zeit, die nicht so gut war, wie die Formel des Volksmundes wissen will. Die Äquivalenz Zeit – Stil wird vom Erzähler gestört, der zwar auf anheimelnde Art der Dorfgeschichte in einer vorgeblichen »Zeit-Prosa mittlerer Länge« eine einfache, leicht überschaubare Struktur zu bieten scheint (und so sicher auch zum Erfolg des Romans beigetragen hat, der mancherorts als »postmoderner Heimatroman« bezeichnet wurde), aber seine Haltung als gebrochene Fassade vorführt. Trotz, nein: gerade wegen der auffallenden Präsenz der fiktiven literarischen Instanz »Erzähler« bleibt letztlich die für moderne Prosa charakteristische Frage. Im selben Jahr, in dem *Schlafes Bruder* erschien, hat Walter Grond so den Ausgangspunkt seines Projektes einer Odyssee-Travestie erklärt: Auf der Suche nach der Modernität der literarischen Form »Roman« sei er immer wieder auf dieselbe Frage gestoßen: Wer erzählt?[18] In dem 1995 erschienenen »transindividuellen Roman« *Absolut Homer*, einem von 22 Autorinnen und Autoren geschriebenen Text, baut Grond auf einem zeitgenössischen, erweiterten Schriftsteller-Bild: Es ist das Porträt des Künstlers als der in die Jahre gekommene Rebell, als eine Art Manager, so Grond, der nicht mehr der Schöpfer ist, sondern ordnet, zuweist, entwickelt. Die Brüche werden in die »äußere« Organisation des literarischen Werkes übernommen.

Das »Zersplitterte des modernen Lebens« kommt in Robert Schneiders Erzählhaltung zum Ausdruck, die er gerade als Form, in der man früher Totalität zu erfassen glaubte, vorgibt: Die Sprünge und Risse sind im Bewußtsein des Erzählers selbst zu finden. Die Brüche seiner Haltung bedeuten die Brüche seiner Welt.

18 Vgl. Walter Grond: Stimmen. Ein Roman als Konzept. Graz/Wien: Droschl, 1992.

Während etwa Werner Kofler im Bewußtsein einer radikalen Krise des Erzählens schreibt, auf dem vielfachen Boden einer gesellschaftlichen und einer innerliterarischen Referentialität baut, Wirklichkeits-Zitate verschränkt, sie variiert, kombiniert und mit ihnen vieldeutig spielt, setzt Schneider einen Schritt zurück in jene Zeit, in der das Erzählen noch geholfen haben soll. Der Widerstand, der in seinem Text angelegt ist, geht vom Erzähler selbst aus, von seinem Rückgriff auf ein Bewußtsein einer anderen Epoche, als sei inzwischen nichts geschehen, ein Rückgriff auf eine Umbruchszeit, aus einer Umbruchszeit heraus, der in der Rezeption, in der Konfrontation mit einem heutigen Bewußtsein zersplittert. So geht sich auch hier eine scheinbar einfache Aufrechnung der Wirklichkeit nicht aus. Der Roman richtet zwar das »Vereinzelte«, wie Eisenreich meinte, »zurück ins Ganze der Schöpfung«. Diese aber wird einzig und nur vordergründig vom Anspruch des omnipräsenten *Erzählers* zusammengehalten, der sich in zahlreichen Details selbst als gebrochene Instanz erweist, als bröckelnde Identität, wie sie in der Erzählhaltung und bei den *Figuren* von Fian, Hotschnig, Kofler, Menasse, Schindel ... zu finden ist. Und so ergibt sich letztlich bei Schneider eine zusammengefügte Welt nur mehr im Spiel einer Rolle.

Schneider setzt allerdings nicht beim aktuellen Kontext an, liefert keine künstlerischen Zerstörungen der gegenwärtigen österreichischen Umwelt, keinen umfassenden Problemkatalog des Heutigen wie Josef Haslinger im Roman *Opernball* (1995), in dem der Text – vielstimmig von Tonbändern und von einem zentralen, ungebrochen mithandelnden Ich-Erzähler geordnet – den Tod im Zeitalter der technischen Reproduzierbarkeit schildert, verpackt in einer Fiktion zwischen einfachen Koordinaten, Gott und Teufel, im Gewand der Kolportage. Schneider greift vielmehr auf eine Gattung und eine Geschichte, auf Vor-Bilder des 19. Jahrhunderts zurück. Beide, Gattung und Geschichte, stellt sich heraus, sind heute nicht mehr so einfach haltbar. Der Autor scheint vordergründig das Postulat der epischen Objektivität von Berthold Auerbach und Otto Ludwig zu übernehmen, konterkariert es aber dadurch, daß er wohl seinen Erzähler zum Integrationszentrum des Werkes macht, diesen – im Gegensatz zu Auerbach und Ludwig – jedoch nicht verdeckt im Hintergrund agieren läßt. Der Schritt ins 19. Jahrhundert steht im Spannungsfeld der Moderne. Es wird bei genauem Lesen das »So war es wirklich« gerade in der Erzählhaltung, deren Fassade eben dies suggeriert, zu einem »War es wirklich so?«

Originalbeitrag

HERMANN SCHLÖSSER

»Wie kein Meister vor oder nach ihm ...«
Die Einzigartigkeit des Komponisten Elias Alder

1

Dem Helden des Romans *Schlafes Bruder* wird von seinem Autor eine Lebensspanne von 22 Jahren zugestanden: Im Jahre 1803 kommt der Musiker Johannes Elias Alder durch eine schwere Geburt zur Welt, 1825 verläßt er sie wieder mit Hilfe seines selbstherrlichen Beschlusses, dem Schlafe zu entsagen.

Diese Lebenszeit läßt das unerkannte musikalische Genie zum Zeitgenossen bedeutender Komponisten und ihrer Werke werden. 1814 erschienen etwa Franz Schuberts erste Liedvertonungen, darunter *Der Erlkönig*, dessen Klavierbegleitung durch ein anhaltendes Triolenagitato den Übergang markiert von der naturalistischen Ausmalung eines nächtlichen Rittes zur emotionalen Ausdeutung eines gespenstischen Geschehens. Und

1822 entstand Schuberts 8. Symphonie, die dem klassisch viersätzigen Symphonienschema nicht mehr gehorchte und sich mit zwei innig ineinander verwobenen Orchesterstücken begnügte. Der Beiname dieses Werks, *Die Unvollendete*, wäre mißverstanden, wenn man ihn als Eingeständnis eines Mangels auffassen würde. Er spricht der gattungswidrigen Kürze vielmehr die Aura des Fragmentarischen zu. Dies mag man zwar von heute aus für ein Mißverständnis halten, da die perfekte Zweiteiligkeit der Symphonie durchaus nicht »unvollendet« ist. Doch entsprach es romantischem Kunstempfinden, Schuberts Werk als edlen Torso aufzufassen.

Ein anderer Höhepunkt romantischen Komponierens ist für das Jahr 1821 zu verzeichnen: Die Premiere von Carl Maria von Webers *Freischütz* riß das Publikum zu endloser Begeisterung hin. Webers Mischung aus idyllisch altdeutschem Volkston – »wir winden dir den Jungfernkranz« – und mysteriösem Schauder – Wolfsschlucht, Teufelspakt – definierte für lange Zeit die Maßstäbe, die man an eine deutsche Oper anzulegen hatte.

Während sich so die musikalische Romantik in Werken Schuberts oder Webers nachdrücklich artikulierte, vollendete Beethoven, der letzte Klassiker und erste Moderne zugleich, sein groß dimensioniertes Werk. Unter anderem erweiterte er zwischen den Jahren 1803 und 1825 die Möglichkeiten symphonischen Komponierens weit über das vorher Denkbare hinaus. In der *Eroica*, 1804, der 5. Symphonie, 1808, vor allem aber in der 9. und letzten Symphonie, 1823, dokumentieren sich die Ergebnisse strengster kompositorischer Entgrenzungsarbeit. Daß am Ende dieses Prozesses, im Finale der 9. Symphonie, ein Chor ins orchestrale Geschehen eingreift, beweist schon deutlich genug, wie konsequent die Konventionen und Traditionen der symphonischen Form von Beethoven umgedeutet, neu begründet, abgewandelt wurden.

Schubert und Beethoven, die in Wien lebten, der *Freischütz*, der in Berlin uraufgeführt wurde – sie alle haben mit Alders Geburts- und Wohnort Eschberg nichts gemein. Hier beschränkt sich der musikalische Bedarf auf die angemessene Untermalung des sonntäglichen Gottesdienstes. Diesem Zweck werden nicht Klavierballaden, Opern und Symphonien gerecht, sondern althergebrachte Präludien, Choralbegleitungen, Postludien. Ein Dorforganist mit bescheidenen Fähigkeiten bringt sie zu Gehör, und mehr als dies liegt jenseits des Horizonts.

Johannes Elias Alder, der Held des Romans *Schlafes Bruder*, erfährt also zeitlebens nichts von seinen Zeitgenossen Schubert, Weber, Beethoven. Die Neuerungen und Leistungen ihrer Musik können für sein Komponieren also kein Maßstab sein. Er inspiriert sich ausschließlich an genuin Eschberger Quellen: der Natur, der Liebe zur Nachbarstochter und dem dürftigen formalen Vorrat dörflicher Orgelmusik. Und doch genügt ihm dieses Wenige, um eine Musik zu erfinden, die sich weit über das Provinzniveau erhebt. Der Erzähler versichert sogar, Alders Kunst wäre für die Musikgeschichte des 19. Jahrhunderts von entscheidender Bedeutung geworden, wenn es ihr nur vergönnt gewesen wäre, über die Region ihrer Herkunft hinaus zu wirken.

Nun gehören große Worte dieser Art auch zum ohnmächtigen Arsenal jener Lebenslügen, mit denen sich sogenannte »verkannte Genies« immer wieder über ihre objektive Bedeutungslosigkeit hinwegtrösten. Vor diesem Verdacht nimmt der Erzähler seinen Helden jedoch ausdrücklich in Schutz: Er möchte kein scheinbares, sondern ein echtes Genie beschreiben. Damit aber stellt sich auch die Frage, welche Qualitäten die Kunstfigur Johannes Elias Alder gegen die realhistorisch anerkannten Größen der Musikgeschichte ins Feld führen kann.

2

In einer Winternacht des Jahres 1815 verschafft sich der zwölfjährige Alder erstmals Zugang zu einem Musikinstrument. Er schleicht in die Kirche seines Heimatdorfes und spielt dort heimlich die Orgel. Während der regulären Gottesdienste ist ihm nur das Blasebalgtreten gestattet, denn sein orgelnder Onkel Oskar Alder ahnt längst, daß der Neffe ein Genie, er aber ein Stümper ist. Eben darum hält er den Jungen eifersüchtig von der Orgel fern. Gefördert oder auch nur ermutigt wird der junge Musiker von nichts und von niemandem. Was immer er in seiner Kunst erreicht, muß einer feindlichen oder zumindest gleichgültigen Umgebung abgetrotzt werden. Auch diesen Trotz bezeichnet der Roman mehrmals als ein spezifisch eschbergisches Erbteil.

In dieser Nacht, »vier Tage vor Weihnachten«, wird Elias Alder nun aus völlig eigener Kraft Fortschritte als Organist, aber auch als Komponist machen. Die Erzählung läßt keinen Zweifel an der Feierlichkeit und an der emotionalen Intensität dieses Geschehens:

> »Elias klappte den Spieltisch auf, steckte eine Kerze an, wachste sie fest und schlug ein Kreuzzeichen. Dann kamen ihm plötzlich die Tränen, und er selbst wußte nicht woher und weshalb. Wir wollen es auch nicht wissen, lassen unseren Musikanten allein, warten, bis sich sein Gemüt beruhigt und er anhebt, die ersten Töne seines Lebens zu spielen.« (SB 68)

Die Wartezeit, die von der Diskretion erzwungen wird, vergeht mit einer kurzen Schilderung des unnatürlich schwülen Winterwetters. Föhn weht durch die schneelose Landschaft, und an den Weiden hängen unzeitige Kätzchen. Während des Weihnachtsfestes, also einige Tage bzw. einige Buchseiten später, wird diese prekäre Wetterlage einen Großbrand begünstigen, dem das Dorf Eschberg fast gänzlich zum Opfer fällt. Diese Katastrophe gibt aber zugleich dem Elias Alder die Chance, seiner großen Liebe Elsbeth das Leben zu retten. Auch für seine musikalische Entwicklung ist dies von Bedeutung. Denn Elsbeth ist der Mensch, dessen Herz im selben Takt wie das des Elias schlägt. Und damit ist das Metrum, der Grundschlag seines Lebens und seiner Musik ein für allemal vorgegeben.

Freilich wissen »wir« – um beim Kollektivsubjekt des Erzählers zu bleiben – von all dem noch nicht viel, während Alder erstmals auf seiner Orgelbank Platz nimmt. Auch er selbst ahnt noch nichts von künftigen Freuden und Leiden. Seine Tränen sind mittlerweile getrocknet, und er beginnt sein Spiel. Er legt einen Finger auf das große F und läßt diesen Ton so lange wie möglich klingen. Warum er gerade das F gewählt hat, ist einfach erklärt: Es ist sein Lieblingston, und über andere Maßstäbe als solche strikt persönlichen verfügt der Komponist Alder zu Beginn seines Schaffens so wenig wie an dessen Ende. Darin liegt die Grenze, aber, wie uns mehrfach versichert wird, auch die Stärke seiner Kunst.

Nachdem also der Ton, der ihm am liebsten ist, als Basis des Phantasierens fixiert ist, erschließt sich das Weitere leicht. Von keinem Lehrer unterwiesen, begreift Alder doch sofort den Bau einer Tonleiter – F-Dur wird seine erste Tonart – und von dort ist es auch zu einer ersten Melodie nicht weit. Der Musiker sucht sich die Tonfolge eines Weihnachtsliedes zusammen, und während er sie noch reproduziert, erwacht auch schon der Komponist in ihm. Er beginnt, das vorgefundene melodische Material umzuformen, zu bereichern und zu verschönern. Also begreift er das kompositorische Prinzip der Variation sozusagen unter der Hand, mit der er die Orgel spielt. So vielen äußeren Schwierigkeiten er nämlich auch begegnet, so wenig innere kennt er. Was immer er an musikalischem Können im Laufe seines kurzen Lebens erwirbt, eignet er sich mühelos an. Und in dieser Mühelosigkeit sollen wir gewiß einen gültigen Ausweis seiner musikalischen Genialität erkennen.

Auch in seiner ersten Nacht an der Orgel gibt er sich nicht mit der Entdeckung der Variation einer einstimmigen Melodie zufrieden. In einem weiteren Schritt erschließt er sich die Möglichkeit der Stimmenvermehrung: Eine zweite Melodie tritt an die Seite der ersten, läuft neben ihr her, setzt sich zu ihr in ein harmonisches Verhältnis.

Damit hat Alder das polyphonische Verfahren der Imitation erkannt. Dem Erzähler ist dieser musiktheoretische Fachausdruck auch durchaus geläufig (vgl. SB 70), dem Komponisten selbst bleibt er jedoch so verborgen wie alles Musikwissenschaftliche. Kein Lehrer findet sich in Eschberg oder anderswo, der ihm auch nur das Notenschreiben beibrächte. Was ausgebildete Musiker mit dem Terminus »Imitation« belegen, nimmt in Alders Vorstellung also eine ganz andere, unbegriffliche Gestalt an:

> »Da leuchtete ihm plötzlich ein sommerliches Bild vor den Augen. Als er einmal träumend im Gras gelegen hatte, beobachtete er die Bahn zweier Zitronenfalter, wie sie fröhlich hin und her gaukelten. Und so fing er an, der alten Melodie noch eine neue Melodie hinzuzufügen. Doch die Linien sollten sich gleichen, wie sich die Bahn der Zitronenfalter glich.« (SB 69)

Indem der Musiker seiner Klangphantasie also dieses anschauliche Programm unterlegt, gewinnt der akademische Begriff »Imitation« eine weitergehende Bedeutung. Während ein Thema das andere musikalisch imitiert, ahmen beide zusammen die Natur nach, deren Erscheinungen den Komponisten inspirieren. Der zitierte Text fährt fort:

> »Die Stimme in seiner rechten Hand ließ er zuerst flattern. Dann folgte die linke. Wo aber die rechte aufwärts ging, wogte die linke launig nieder, und dennoch zogen beide Stimmen eine wohlklingende Bahn.« (SB 69 f.)

Alders Musik entwickelt sich also nach einfachen Prinzipien, deren Ursprung offen zutage liegt. Sie sind der Natur abgelauscht und abgeschaut. Doch ist mit dieser Feststellung über die Klanggestalt der Alderschen Werke noch nicht viel gesagt. Schmetterlingsflüge lassen sich auf vielerlei Weise ins Musikalische transponieren. Nach den Worten des Erzählers – »gaukeln«, »launig« – könnte man fast versucht sein, hier ein Salonstück zu imaginieren: »Zitronenfalter-Idyll« für das Pianoforte – das wäre immerhin eine Komposition, die den Prinzipien der Naturnachahmung mit Kunstmitteln des 19. Jahrhunderts gerecht würde.

Doch ist nach all dem bisher Gesagten klar, daß Alder als Komponist eines solchen Salonstückes nicht in Frage kommt. Nur ein einziges Mal, im Hause des Feldberger Domorganisten Goller, bekommt er ein Pianoforte zu Gesicht. Und da ist ihm nur erlaubt, »einen gespenstisch schnellen Terzenlauf« (SB 167) darauf zu spielen. Von dieser Episode abgesehen, ist Alders Musikausübung auf die Orgel als Instrument und auf den Gottesdienst als Anlaß angewiesen. Doch steht nirgends geschrieben, daß ihm dies mißfallen hätte. Alles deutet darauf hin, daß sich Alders kompositorische Intentionen sämtlich in der traditionellen Tonsprache der Musica Sacra ausdrücken lassen – ob er nun das Flattern von Schmetterlingen komponiert, die Auferstehung Christi oder den Herzschlag der Geliebten.

3

Damit ist die wichtigste Feststellung über Alders Genialität getroffen: Der Komponist, dem zu einer ruhigen und gründlichen Entwicklung weder Zeit noch Gelegenheit gegeben werden, kann sich in wenigen kreativen Schüben all das erobern, was andere in jahrelangen Studien erwerben müssen. Kenntnisse über Bau und Funktionsweise der Orgel fliegen ihm z. B. zu, während er das Instrument in geheimer Nachtarbeit zerlegt, reinigt, stimmt und neu zusammensetzt. Und aus dem ungeschickten Präludieren, Choralbegleiten, Postludieren des Onkels Oskar hört er die Grundlagen des kirchenmusikalischen Tonsatzes heraus. Bald ist er imstande, die fehlerhafte Ausführung des Onkels singend oder zuweilen auch nur in Gedanken zu korrigieren. Im Jahre 1820 hat der nunmehr siebzehnjährige Elias Alder fast alles gelernt, was ihm zu lernen gestattet war.

Doch ist die Besonderheit seiner Begabung nicht ausschließlich an den künstlerischen Fortschritten zu messen. Nicht minder bedeutend ist die Geschichte seines Herzens. Auch Elias Alder hat all seine Liebe einer unsterblichen Geliebten geweiht, nämlich der heranwachsenden Elsbeth. Daß er ihr während der Passionszeit näherkommt, wirft ein Licht auf den besonderen Charakter dieser Liebe: Auf einem gemeinsamen Spaziergang, der am Gründonnerstag des Jahres 1820 stattfindet, singen sie miteinander das Lied *Der Mai mit lieber Pracht*, wobei Elsbeth die Melodie wie einen Cantus Firmus mehrmals unverändert wiederholt, während Elias sie mit immer neuen Begleitfiguren umspielt. Den Tanz der beiden Zitronenfalter hat er offenbar nicht vergessen. Doch erweist sich der junge Mann auch noch in anderer Hinsicht als Experte der Imitation: Er hat die Fähigkeit, Elsbeths Stimmlage aufs genaueste nachzuahmen, wie ihm auch die Stimmen aller anderen Dorfbewohner zu Gebote stehen. Nun zählen derartige Stimmenimitationen in der Regel zu den eher niederen Künsten und dienen vor allem zur Belustigung des Publikums. Elias Alder freilich fühlt keine Berufung zum Alleinunterhalter, also betreibt er auch seine Nachahmungskunst ohne humoristische Ambition. Elsbeth ist nicht erheitert, als sie ihre Stimme aus seinem Munde vernimmt, sondern erschrocken. Dabei versucht er doch nur, ihr durch Anverwandlung nahe zu sein.

Die Kunst der Imitation beherrscht Alder also in allen Facetten: Musikalische Stimmen imitieren einander, seine Musik ahmt das Geschehen der Natur nach, und seine Stimme gleicht sich aufs genaueste den Stimmen anderer Menschen an. Und doch sind alle diese Künste nur unterschiedliche Ausdrucksformen von Alders eigenster und eigentlichster Begabung: Er verfügt über ein unfehlbar absolutes Gehör für alle Geräusche, Klänge und Töne seiner Umgebung. Diese Steigerung seines Gehörsinnes befähigt ihn sogar zur Erfahrung des Übersinnlichen. Schon als Kind war er imstande, den Herzschlag der noch ungeborenen Elsbeth aus dem Mutterleib heraus wahrzunehmen. Auf dieses Erlebnis gründet sich seine unbedingte Liebe zu dem Mädchen, was sie freilich nicht weiß.

Das überfeine Ohr verdankt Alder nicht der Schulung und Übung, sondern – wir wissen es seit dem sechsten Abschnitt des Buches – einem Wunder, das sich an ihm schon in der Kindheit vollzogen hatte. Er lag einmal auf einem glatten Stein am Bach, und da wurde ihm mit einem Schlag die Welt in all ihren akustischen Dimensionen hörbar. Mit diesem Privileg ging eine viel zu früh einsetzende Pubertät einher sowie eine Verfärbung der Augen von Grün nach Gelb. Alder war von da an als ein besonderer Mensch gekennzeichnet, und seine Mitmenschen wußten sich zeit seines Lebens nicht klar zu werden, ob er ein Monster oder ein Genie sei.

Jedenfalls führt der Spaziergang, den der junge Musiker im Frühjahr 1820 mit seiner Geliebten unternimmt, zu eben jenem Stein, auf dem sich seine Verwandlung ereignet hatte. Und so kann kein Zweifel bestehen, daß er sie in seine innersten Geheimnisse einweihen will; ebensowenig ist aber auch zu bezweifeln, daß sie ihm dabei nicht zu folgen vermag. Das Erwartbare kündigt sich also an: Die Liebe zwischen Elias und Elsbeth wird eine unglückliche sein.

Um so verführerischer erscheint die Angebetete ihrem Verehrer jedoch nach dem gemeinsamen Spaziergang im Traum. Mit entblößten Brüsten naht sie sich, und dieses Traumbild führt bei dem jungen Mann zu Erektion und Samenerguß. Freilich hätte Elias diese beiden Vokabeln ebensowenig zu gebrauchen gewußt wie die musiktheoretischen Fachbegriffe. Doch entging ihm dadurch die Annehmlichkeit der erotischen Träumerei so wenig wie die Schönheit der Musik. Daß der wollüstige Traum just in der Nacht zum Karfreitag stattfand, kann indes kein gutes Omen sein.

Deshalb folgt diesem Erwachen der Sexualität im Roman auch keine Liebesgeschichte, sondern deren Sublimierung durch Kunst: Alder tritt zum ersten Mal öffentlich als Musiker auf. Und damit ist das Osterfest des Jahres 1820 erreicht, und wir eröffnen »das wohl glücklichste Kapitel im Leben unseres Helden«, wie der Text in altmeisterlichem Erzählgestus mitteilt (SB 111).

Oskar Alder hat mittlerweile unter Schmerzen eingesehen, daß sein kleines Talent vor dem Genie des Neffen nicht bestehen kann. Die musikalische Ausgestaltung des Ostergeschehens wagt er also nicht mehr zu übernehmen. Unentschuldigt und ohne Vorankündigung bleibt er der Messe fern und ergibt sich dem Alkohol. Wenige Wochen nach Ostern setzt er seinem Leben ein Ende. Auch er war also ein Opfer der eschbergischen Enge, dem der Erzähler bei aller Antipathie den Respekt nicht ganz versagt. Denn immerhin, so heißt es, war der schlechte Musiker Oskar Alder Künstler genug, um unter seiner Inferiorität zu leiden.

Doch hält sich der Text bei dem Mitleid für diesen Mittelmäßigen nicht lange auf. Elias, nicht Oskar, ist der Held des Buches, und ihm widerfährt durch die Abdankung des Vorgängers zumindest ein wenig Gerechtigkeit. Er wird Organist und Dorfschullehrer in Eschberg, und er wäre dies wohl auch geblieben, wenn ihn die trotzig bewahrte Liebe nicht für diesen Dienst hätte untauglich werden lassen. Wohin seine Leidenschaft für Elsbeth schließlich führen mußte, ist seit dem ersten Satz des Romans bekannt: Johannes Elias Alder brachte sein Leben zweiundzwanzigjährig zu Tode, nachdem er beschlossen hatte, nicht mehr zu schlafen.

4

Der Weg zu diesem tragisch düsteren Ende führt jedoch über die beiden Höhepunkte von Alders musikalischem Schaffen. Zwar ist es ihm nicht gegönnt, sein Werk schriftlich zu fixieren. Doch weist noch dieser Mangel auf die Eigenart seiner Begabung hin: Seine Musik, so erkennt man, ist nicht für Partituren und Werkausgaben geschaffen, sondern ausschließlich der unmittelbaren Wirkung zuliebe. Zwei »große Stunden« genügen, um dem Komponisten einen Platz im Herzen des Publikums zu sichern.

Der Text des Romans berichtet ausführlich von den beiden entscheidenden Auftritten: Der erste findet am Ostersonntag 1820 in der Pfarrkirche zu Eschberg statt. Alder phantasiert über den Choral *Christ lag in Todesbanden*, wobei er mit einer Toccata beginnt, die »in einem fünfstimmigen Fugato über die Melodie des Kirchenliedes« endet. (SB 114) Dem folgt der Choral, so wie er im Gesangbuch steht; danach ein Adagio als besinnliches Zwischenspiel und schließlich der Choral mit einer figurierten Begleitung samt einem »riesenhaften Postludium«, dessen Metrum dem Herzschlag Elsbeths getreulich folgt.

Sein zweiter, noch gewaltigerer Auftritt findet nicht in seinem Heimatdorf statt, sondern in der nächsten größeren Stadt namens Feldberg. Der Domorganist Goller hat das Spiel des Dorforganisten zufällig gehört und ihn im August des Jahres 1825 zu einem Organistenwettbewerb in die Stadt eingeladen. Alder willigt nach einigem Zögern in die Einladung ein, und so erlebt die Bevölkerung des kleinen Städtchens einen der größten Augenblicke der Musikgeschichte.

Wiederum ist es ein Choral, der Alders äußerst elaborierter Orgelphantasie zugrunde liegt. Er heißt *Kömm, o Tod, du Schlafes Bruder*, bringt also das Leit- und Leidmotiv von Alders Leben zur Sprache. Daß Johann Sebastian Bach diesen Choral ans Ende seiner Kantate *Ich will den Kreuzstab gerne tragen* stellte, weiß jeder, der sich an den Abspann von Joseph Vilsmaiers Verfilmung des Romans erinnert. Elias Alder selbst hat davon allerdings keine Kenntnis. Denn so wenig ihm die großen Meister seiner eigenen Zeit bekannt sind, so unvertraut sind ihm auch anspruchsvollere Vorbilder aus der Vergangenheit.

Dennoch entwickelt er während seiner mehr als zweistündigen Orgelphantasie eine außerordentliche kontrapunktische Fähigkeit. Insbesondere die Fuge, die das Ganze beschließt, ist von höchster Komplexität. Bis zu sieben Stimmen führt Alder nebeneinander her. Daß dies

den Regeln des strengen Satzes widerspricht, verschweigt
der Text nicht. Doch ist es bezeichnenderweise der
mißgünstige Domorganist Goller, der sich und die Leser
während des Zuhörens daran erinnert, daß nach der kon-
trapunktischen Lehre höchstens fünf Stimmen erlaubt
seien, weil es sonst durch allzu massive Akkorde zu einer
Schein-Homophonie komme. Alder setzt diese Regel, die
ihm gar nicht bekannt ist, außer Kraft, wobei ihm jedoch
die Verfahren der Engführung und der Umkehrung wie
selbstverständlich behilflich sind. Als er schließlich noch
eine achte Stimme einführen will, erreichen selbst seine
Hände und Füße die Grenze des Spielbaren. Doch läßt er
sich dadurch in seinem Ausdrucksdrang nicht einschrän-
ken: Mit seiner kräftigen, imitationsfähigen Stimme singt
er das fehlende Fugenthema in das Orgelspiel hinein, so
daß in dem überaus kunstvollen polyphonen Stimmge-
flecht die Vox Humana nicht bloß als Orgelregister, sondern auch als dessen natürliches Vorbild anwesend ist.

Mit Schilderungen dieser Art gibt der Erzähler also einen Begriff von der unglaublichen formalen Komplexität der Alderschen Musik. Die eingangs gestellte Frage
nach den Qualitäten des Komponisten Alder ist damit jedoch noch immer nicht erschöpfend beantwortet. Sein
wichtigstes Verdienst, so der Erzähler, bestehe nämlich
darin, daß sein Spiel alles bloß Formale überwunden
habe, so daß die Menschen in emotionalen Bereichen
angesprochen würden, die der Musik anderer Meister
unzugänglich sei. Oder, in den Worten des Romans:

> »Wenn er also musizierte, vermochte er den Menschen bis auf
> das Innerste seiner Seele zu erschüttern. Er brauchte nur die
> gefundenen Harmonien in größere, musikorganische Zusam-
> menhänge zu stellen, und der Zuhörer konnte sich der Wir-
> kung nicht mehr entziehen. Ohne seinen Willen traten ihm
> dann die Tränen aus den Augen. Ohne seinen Willen durchlitt
> er Todesangst, Kindesfreuden, ja bisweilen gar erotische Emp-
> findungen. Solches in der Musik geleistet zu haben, war das
> Verdienst des Johannes Elias Alder. Zwar stammte seine Mu-
> sik aus dem Schatz der klassischen Harmoniefindung, hatte

er doch nie etwas anderes gehört, als die dickgriffigen Choräle seines Onkels. Im Laufe der Jahre aber und bedingt durch die fortschreitende Zerrüttung der Seele, fand er zu einer so gewaltigen Tonsprache, wie kein Meister vor oder nach ihm.« (SB 178 f.)

Diese Sätze entstammen einem längeren Erzählerkommentar über den besonderen Charakter der Alderschen Musik. Er überbrückt die Pause, die der Organist während seiner Feldberger Darbietung vor der großen Schlußfuge einlegt. Doch sollte seine Funktion als Pausenfüller nicht über seine grundsätzliche Bedeutung hinwegtäuschen. Ausdrücklich wird hier nämlich gesagt, was unausgesprochen schon in den Musikbeschreibungen des Romans zu lesen steht: daß Johannes Elias Alder der größte Komponist aller Zeiten gewesen sei, weil er die Menschen zutiefst anzurühren vermocht habe. Die musikalischen Leistungen Schuberts, Webers, Beethovens, Bachs verblassen also vor der Rührungskunst eines Vorarlberger Genies, das im Jahre 1992 zum ersten Mal ans Licht der romanlesenden Welt trat.

Nun läßt sich diese Erfindung eines größten Komponisten der Welt im Roman vor allem dadurch aufrechterhalten, daß sie nicht auf akustische Beweise angewiesen ist. Auch die Musik eines so großen Hörers wie Alder kann im literarischen Text nur beschrieben, nicht aber hörbar gemacht werden. Anders ist dies im Film. Dort muß tatsächlich eine Musik erklingen, wenn Elias Alder an der Orgel Platz nimmt. Und zumindest in der Vilsmaierschen Adaption erwies sich ziemlich rasch, daß der hohe kompositorische Rang des Haupthelden ein usurpierter war. Im Roman, wie gesagt, muß einem das nicht unbedingt auffallen. Denn während der Lektüre bleibt es jedem unbenommen, die schönste aller Musiken aus den Worten der Beschreibung herauszulesen.

Originalbeitrag

ULRICH H. J. KÖRTNER

Liebe, Schlaf und Tod
Ein theologischer Versuch zu Robert Schneiders
Roman *Schlafes Bruder*

Kunst und Literatur setzen sich oft mit elementaren religiösen Themen auseinander, die von der akademischen Theologie kaum wahrgenommen werden. Zu ihnen gehört der Schlaf. Alle Anthropologie, auch die theologische, handelt vom Menschen zumeist nur im Wachzustand. Das ist eigentlich verwunderlich, wenn man bedenkt, welch hohen Stellenwert das Problem des Todes in der Theologie hat, der Schlaf aber seit alters her nicht ohne Grund als Bruder des Todes bezeichnet wird.

Zu jeder Stunde sind wir mitten im Leben vom Tod umfangen. Im Schlaf aber kommt er uns besonders nahe. Wäre nicht dies allein Grund genug zu bedenken, daß wir nicht nur sterben, sondern auch schlafen müssen, auf daß wir klug werden?

Der Tod, so hat der Apostel Paulus geschrieben, ist der Sünde Sold. Im Schlaf freilich scheinen wir der Sünde enthoben zu sein, wenn auch nur, um neue Kräfte für künftige Sünden zu sammeln. Wen seine Sünden reuen, der mag sich damit trösten, daß zumindest wer schläft, nicht sündigt. Der Schlaf, so will es scheinen, versetzt uns in einen Zustand jenseits von Gut und Böse. Denn wer schläft, vermag weder zu handeln noch zu denken. Allenfalls träumen können die Schlafenden, aber ihrer Träume sind sie ebenso wenig mächtig wie im Schlaf ihrer selbst. Und eben darum sind auch die Schlafenden anscheinend von jeder Schuld und Verantwortung freizusprechen.

Ist es aber wirklich wahr, daß nicht sündigt, wer schläft? Müssen die metaphorischen Ermahnungen des Neuen Testaments, vom Schlaf aufzustehen und stets wachsam gegenüber der Sünde zu sein, nicht vielleicht wörtlich genommen werden? Ist dann nicht der Schlaf überhaupt die Sünde schlechthin? Und verdient er es nicht gerade darum, der Bruder des Todes genannt zu werden, der eben der Sünde Sold ist? Das ist die Frage, vor die uns Johannes Elias Alder stellt, die Hauptfigur in Robert Schneiders 1992 veröffentlichtem, inzwischen mehrfach preisgekröntem Roman *Schlafes Bruder*. Es handelt sich um ein eminent theologisches Buch, das in nuce, genauer: sub contrario eine ganze Theologie des Schlafes enthält.

Wer schläft, liebt nicht. Das ist der fundamentale Einwand des Romanhelden Alder gegen die These von der Sündlosigkeit der Schlafenden. Denn wer das Lieben, welches zugleich Gefühl wie Tätigkeit ist, um des Schlafes willen unterbricht, ist nicht vollkommen in der Liebe. Als sei der Satz aus dem Hohenlied des Paulus (1. Korinther 13,8), wonach die wahre Liebe niemals aufhört, als Tätigkeitsbeschreibung des vollkommen Liebenden gemeint, so glaubt Alder, daß vollkommene Liebe nicht etwa nur die Furcht (vgl. 1. Johannes 4,17), sondern auch den Schlaf austreibt. Gott ist die Liebe; und wer in der Liebe bleibt, ohne Unterbrechung Tag und Nacht, der bleibt nach Alders Überzeugung in Gott und Gott in ihm. Nur wer so liebt, daß ihm die Liebe nicht etwa den Schlaf raubt, sondern die Kraft verleiht, dem Schlaf zu widerstehen bis in den Tod, darf Zuversicht haben am Tag des göttlichen Gerichts. Wer aber nicht derart vollkommen bis zur physischen Selbstaufgabe liebt, der ist nicht in Gott und Gott nicht in ihm.

So bilden Liebe, Schlaf und Tod in Schneiders Roman eine Antithese, weil die in Gott ihren Ursprung habende Liebe, die stark wie der Tod ist und damit stärker als dieser, auch stärker ist als dessen Bruder, der Schlaf. Wahre Liebe ist stark wie der Tod, so daß kein Schlaf sie überwältigen kann. Wer aber schläft, verrät die Liebe, übt Verrat an dem Menschen, welchen er liebt, wie an Gott.

Größe und Mittelmaß

Johannes Elias Alder, der zu Beginn des vergangenen Jahrhunderts als Sohn eines Bauern in einem Vorarlberger Dorf zur Welt kommt, ist ein begnadetes wie verkanntes musikalisches Genie. Schneider erzählt die Geschichte dieses Menschen, dessen außergewöhnliche Begabung von den einen nicht erkannt und an ihrer Entfaltung gehindert, von anderen schließlich aus Neid zerstört wird. So wirft Alders Lebensgeschichte die Frage auf, ob nicht die Großen der Weltgeschichte, welche zu Nachruhm gelangten, in Wahrheit nur Mittelmaß waren im Vergleich zu allen Alders, die es noch gegeben haben mag. »Und wir spannen fort, daß Sokrates nicht der höchste Denker, Jesus nicht der größte Liebende, Leonardo nicht der trefflichste Bildner und Mozart nicht der vollkommenste Musiker sein konnte, daß vollends andere Namen den Gang dieser Welt bestimmt hätten.«

Alder ist nicht nur ein Genie der Musik, sondern auch ein Genie der Liebe. Er liebt seine Kusine Elsbeth derart, daß er schließlich durch freiwilligen Schlafentzug den Tod findet. So opfert er sein Leben für eine Liebe, die unerwidert bleibt. Diese Liebe sucht nicht das Ihre, sie läßt sich nicht erbittern, sie rechnet das Böse nicht zu. Sie erträgt alles, sie glaubt alles, sie hofft alles, sie duldet alles, bis zum Tod.

Alders bedingungslose Hingabe stellt den Leser vor die Frage, ob nicht tatsächlich Jesus nicht der größte Liebende war. Derselbe Galiläer, welcher seine Jünger im Garten Gethsemane schalt, als die einschliefen und ihn in seiner Todesangst allein ließen, schlief fest und tief, als er und seine Jünger auf dem See Genezareth in einen Sturm gerieten und um ihr Leben bangten. Wie kann dieser Jesus vollkommen geliebt haben, wenn er die Seinen in höchster Gefahr sich selbst überließ? So mögen sich die Leserin und der Leser fragen, ob Johannes Elias Alder nicht nur größer als Mozart, sondern auch größer als Jesus war.

Alder, das Genie der Musik und der Liebe, trägt unverkennbar christologische Züge. Seine Geburt und Entwicklung sind von wundersamen Umständen begleitet. Seiner außergewöhnlichen musikalischen Begabung wird er durch eine Gottesbegegnung gewahr, von welcher er eine bleibende Verfärbung seiner Iris davonträgt. Ungewöhnlich, erschreckend wie verzaubert, ist auch seine Stimme, die ihm zusammen mit seinem musikalischen Genie verliehen wurde. Von Anbeginn liebt er seine jüngere Kusine, der er bereits als Kind das Leben rettete. Doch seine Bestimmung zur Liebe bis zur Selbstaufgabe geht ihm erst auf, als ein Johannes dem Täufer gleicher Schauprediger in Alders Dorf die freie Liebe verkündigt und seine Predigt in dem Satz gipfeln läßt: »Wer schläft, liebt nicht.« Es ist Alder bestimmt, seine Kusine zu lieben, obwohl diese später einen anderen heiratet. So wählt Alder am Schluß den Tod durch Schlafentzug. Er stirbt, von seinem judasgleichen Jugendfreund auf sein Geheiß an einen Baum gefesselt, wie Christus am Kreuz, doch, wie es scheint, vollkommener in der Liebe.

In gewisser Weise gleicht Alder radikalen Asketen, die in den ersten Jahrhunderten der Kirchengeschichte aufgetreten sind. Nach der Lehre der Messalianer oder Euchiten hauste im Menschen von seiner Geburt an ein Dämon, der nur durch ständiges Gebet vertrieben werden konnte. Diese frühchristlichen Asketen nahmen den Satz Jesu, wonach die Jünger ohne Unterlaß beten sollten, wörtlich und suchten sich im Schlaf zu hindern. Ermäßigt wurde das euchitische Prinzip in den Klöstern der Akoimiten, deren Mönche einander im ewigen Gebet ablösten. Von Synoden und Bischöfen wurde die Lehre der Euchiten bekämpft, wenn auch vergeblich. Welche der streitenden Parteien war im Recht? Haben die Euchiten Jesus richtig verstanden, und ihn, der doch mitten im Sturm auf dem See Genezareth schlief, in ihrem Eifer für Gott übertroffen; zumindest seine Jünger, die im Garten Gethsemane nicht mit Jesus zu wachen vermochten?

Ist es denn aber wahr, daß nicht schlafen darf, wer wirklich liebt? Und war Johannes Elias Alder tatsächlich größer als Jesus? Oder ist womöglich der Verzicht auf den Schlaf um der Liebe willen eine Gestalt – der Sünde?

Die Schlange verhieß Adam und Eva, sie würden sein wie Gott, wenn sie von dem verbotenen Baum äßen. Alders durch das Verlangen nach grenzenloser Liebe bedingter Selbstmord liest sich wie eine Variation dieses Themas. Denn zur Vollkommenheit Gottes, dessen Wesen nach biblischem Zeugnis die Liebe ist, gehört, daß er niemals schläft. »Der sich behütet«, heißt es im 121. Psalm, »schläft nicht. Siehe, der Hüter Israels schläft und schlummert nicht«. Das ist es also, was Alder insgeheim will: sein wie Gott. Tatsächlich trifft Alder seine Entscheidung für die Liebe zu Elsbeth bis zu Schlafentzug und Tod als Entscheidung gegen Gott. »Er befand, daß es gut sei, sich für die Liebe zu entscheiden, Geist und Kraft eines ganzen Menschenlebens daran zu geben. Mit dem letzten Quentchen seines begrenzten Willens entschied er sich für Elsbeth und somit gegen sein musikalisches Genie. Weil ihm aber das Genie von Gott gegeben, entschied er sich gegen Gott.«

Alder will also genau jene Rolle spielen, die nach biblischer Tradition einzig von Gott ausgefüllt werden kann. Dieser Gott erscheint in Schneiders Roman freilich wie in der Gnosis als dämonischer Demiurg, der es darauf angelegt hat, Alder zu quälen und letztlich zu vernichten. So trägt denn Alder auch nicht nur die Züge Christi, sondern auch das Antlitz Hiobs. Denn es ist Gott, welcher Alder nicht nur auf zweifelhafte Weise mit seiner Musikalität gesegnet, sondern auch mit seiner von Anfang an zum Scheitern verurteilten Liebe zu seiner Kusine geschlagen und gepeinigt hat.

Nicht der Weltschöpfer, sondern die Liebe in der Gestalt von Alders Liebe zu Elsbeth erscheint in Schneiders Roman als der wahre Gott. Nicht für den Demiurgen der biblischen Religion, sondern für die hypostastierte Liebe gibt Alder sein Leben zum Opfer hin.

Aus Liebe sterben

Woran du dein Herz hängst, das ist dein Gott. Alders wahrer Gott, die Liebe, ist freilich als es sich für diese opfert, nurmehr eine Idee, eine selbst erzeugte Projektion. Alder wählt nämlich den Tod zu einem Zeitpunkt, da seine Liebe zu Elsbeth eigentlich längst erkaltet ist, und es war derselbe Gott, welcher Alder mit dessen Liebe zu Elsbeth schlug, der ihn von dieser zwischenzeitlich geheilt hat. Mit seiner Liebe hat Alder freilich auch jede Hoffnung verloren. So läßt er, weil ein Mensch ohne Hoffnung nicht leben kann, das Bild seiner Liebe zu Elsbeth noch einmal erstehen, obwohl er weiß, daß es sich bei dieser Hoffnung um eine Chimäre handelt.

Der Schein, als sei Alders Liebe vollkommener gewesen als diejenige Christi, trügt also. Denn wenn wir dem Neuen Testament Glauben schenken dürfen, starb Christus aus wirklich empfundener Liebe zu den Menschen wie zu Gott. Alder dagegen stirbt für die Illusion der Liebe.

Unbeschadet seiner anverwandelten altertümlichen Sprache behandelt Schneiders Roman ein spezifisches Thema der Moderne. Sein Protagonist Alder steht beispielhaft für unsere heutige Gesellschaft, welche die Liebe zu ihrer nachchristlichen Privatreligion erkoren hat. Wie für Alder, der sich von Gott abgewandt hat, ist für die Menschen im nachchristlichen Zeitalter die irdische Liebe zur illusionären »Nachreligion« (Ulrich Beck) geworden.

Wenn wir die Lebensgeschichte Jesu nachbuchstabieren, um von ihr her zu begreifen, was Liebe ist, erscheint die Trias von Liebe, Schlaf und Tod in einem anderen Licht als für Schneiders Romanhelden Alder. Dann muß auch bezweifelt werden, daß nicht schlafen darf, wer liebt. Es gibt ja schon zu denken, daß Alders Spiritus Rector, der Schauprediger Corvinus Feldau von Feldberg, in Wahrheit ein Scharlatan ist.

Seine Predigt ist Lüge, seine dionysische Lebensweise

zuchtlos, das genaue Gegenteil wirklicher Liebe, nach der Alder sich sehnt.

Für Christus bilden Liebe und Schlaf keinen Gegensatz. Bei ihm kann der Schlaf vielmehr als vollkommener Ausdruck von Glaube, Liebe und Hoffnung verstanden werden. Der Glaube im Sinne Christi nämlich ist davon befreit, sein zu müssen wie Gott. Wer den Schlaf verweigert, begreift den Menschen ausschließlich als handelndes Wesen, das sich selbst setzt. Er verleugnet den Umstand, daß der Mensch sich niemals selbst erschaffen und erhalten kann, sondern sich immer schon gegeben ist. »Was hast du«, gibt Paulus zu bedenken, »das du nicht empfangen hast?« (1. Korinther 4,7). Den Seinen aber gibt es der Herr nicht nur im Wachen, sondern auch im Schlaf (Psalm 127,2). Der Glaubende legt sich getrost schlafen in dem Bewußtsein, daß es umsonst ist, kein Auge zuzutun und sein Brot mit Sorgen zu essen, wie es auch umsonst ist, des Nachts die Stadt zu bewachen, wenn der Herr sie nicht behütet (Psalm 127,1 f.). In der Bereitung zum Schlafen wie zum Sterben kann der Glaubende beten: »Ich liege und schlafe ganz mit Frieden; denn allein du, Herr, hilfst mir, daß ich sicher wohne.« (Psalm 4,9)

Eben darum ist der im Boot schlafende Christus das Urbild und Vorbild des Glaubens. Nicht weil er schwach in der Liebe wäre, sondern weil sein Vertrauen auf Gott grenzenlos ist, vermag Christus mitten im Sturm zu schlafen, wissend, daß weder Unwetter noch Schlaf noch des Schlafes Bruder, der Tod, uns scheiden können von der Liebe Gottes. So stirbt Christus auch nach der lukanischen Darstellung seiner Kreuzigung mit den Worten eines alttestamentlichen Abendgebetes: »In deine Hände befehle ich meinen Geist.« (Psalm 31,6)

Gerade der im Vertrauen auf Gott eingeschlafene Christus ist das fleischgewordene Wort des Hüters Israels, der selbst nicht schläft und schlummert. Der Sohn vertraut dem Vater und darf darum getrost schlafen. Der Sinn der Geschichte von der Stillung des Sturmes wird dagegen von jener alten Auslegung verfehlt, welche unter Rückgriff auf die altkirchliche Zweinaturenlehre allen Ernstes behauptet hat, lediglich die menschliche Natur Christi habe im Boot geschlafen, die göttliche dagegen sei ständig wach gewesen.

Diese Deutung droht das Göttliche und Menschliche in Christus auseinanderzureißen oder den Anschein zu erwecken, als habe Christus gewissermaßen nur mit einem Auge geschlafen. Hinter einer solchen Interpretation aber steht im Grunde dieselbe unbiblische Logik wie hinter der Predigt des Scharlatans Feldau von Feldberg, wonach nicht liebt, wer schläft.

Wer wahrhaft liebt, darf gleichwohl schlafen, hört doch auch im Schlaf die Liebe niemals auf. Die Liebe ist nämlich nicht, wie Alder unterstellt, primär ein Tun, sondern ein Sein, das in Gott seinen Grund hat. Wodurch aber die Brücke zwischen dem Tun der Liebe und dem Schlaf geschlagen wird, ist das Gebet. Im Gebet, namentlich Fürbitte, in welchem der Ermüdende sich selbst wie diejenigen, die er liebt, der Obhut Gottes anvertraut, nehmen sowohl der Glaube wie auch die zwischenmenschliche Liebe in ausgezeichneter Weise sprachliche Gestalt an. Das Gebet anerkennt und transzendiert zugleich die Grenzen unserer menschlichen Kräfte. Und gerade so ist es Ausdruck einer zu sich selbst gelangten wahren Humanität. Schneiders Romanheld Alder hat dagegen die Verheißung, wonach das Sein der Liebe niemals aufhört, in einen unmenschlichen moralischen Appell verkehrt. Solche Perversion der Verheißung aber ist die Signatur unserer Zeit.

Urbild und Vorbild der Liebe und Schlaf verbindenden Fürbitte ist abermals Christus, der nach der Darstellung des Johannesevangeliums (Johannes 17) seine Jünger Gott im Gebet anvertraut, bevor er diese Welt verlassen muß. Den Tod vor Augen, bittet Christus, daß Gott seine Jünger bewahren möge, wie auch darum, daß die Liebe, mit der Gott ihn liebt, in seinen Jüngern bleibe und Christus in ihnen.

Nicht weil unsere menschliche Kraft zur Liebe niemals nachläßt, sondern weil die Liebe Gottes nimmer aufhört, ist Liebe stark wie der Tod. So verleihe uns Gott eine ruhige Nacht und ein seliges Ende.

Aus: Lutherische Monatshefte 34 (1995), H. 11, S. 12–14.

MARK WERNER

Schlafes Bruder – eine Heiligenlegende?

1 »Heiligenlegende«

In Rezensionen und Aufsätzen wurde Robert Schneiders *Schlafes Bruder* eine »unfromme Heiligenlegende«[1] genannt, und das Hörwunder, die Vervielfältigung seines akustischen Wahrnehmungsvermögens, einhergehend mit drastischen körperlichen Veränderungen, wurde zum »religiös anmutenden Erweckungserlebnis«[2] stilisiert – ein leichtfertiger Umgang mit traditionsbehafteten Termini. Aber Bezeichnungen wie »Heiligenlegende« und »Erweckung« scheinen sich anzubieten, betrachtet man wesentliche Elemente des Romans, der tatsächlich mit Fäden religiösen Stoffs durchwirkt ist: Johannes Elias Alder ist ein Auserwählter, von Gott mit besonderer Begabung versehen. An zentraler Stelle der Geschichte – wie auch bei vielen Legenden – steht ein Wunder, genaugenommen ein Hörwunder, das ihm im zarten Alter von fünf Jahren zuteil wird. Schließlich erscheint ihm sogar Gott in Gestalt eines nabellosen Kindes. Und dieser

1 Erich Hackl: Legende vom schlaflosen Musiker. In: Die Zeit, 2. 10. 1992.
2 Martin Doerry: Ein Splittern von Knochen. In: Der Spiegel, 23. 11. 1992.

Gott lenkt Elias' Leben und Schicksal gemäß einem grausamen Plan. Auch die sprachliche Form mit ihren oftmals altertümlichen, pathetischen und scheinbar moralisierenden Elementen trägt dazu bei, dem Werk den getragenen Ton einer Legende zu verleihen.

Der »Teufel mit Augen gelb wie Kuhseiche« (SB 41) ist also ein von Gott Erwählter, ein »Märtyrer« (SB 196) und womöglich ein Heiliger? Hält die Einordnung in den theologisch-literaturwissenschaftlichen Kontext der Legendenform auch einer genaueren Prüfung stand, findet sich gar ein durchgängiges Konzept diesbezüglich? Diesen Fragen soll im folgenden nachgegangen werden.

Zunächst ist eine genauere Begriffsbestimmung der Termini »Legende« und »Heiliger« vonnöten. Natürlich kann ein moderner Roman wie *Schlafes Bruder* nur sehr bedingt mit den Mitteln der Hagiographie, also der kritischen Beschäftigung mit der Geschichte und der Verehrung von Heiligen, angegangen werden, sehr wohl aber muß die wissenschaftliche Tradition einer Gattung beachtet werden, wenn man eine Einordnung bzw. Abgrenzung vornehmen will. An dieser Stelle soll in einem kurzen Abriß eine Annäherung an die Legende als literarische Gattung gemacht werden.

Die Bezeichnung »Legende«[3] meinte ursprünglich die Lesung von Stücken aus der Vita eines Heiligen an seinem Festtag beim Gottesdienst oder der Klostermahlzeit und hat in den Bereichen Literatur und Religion die Bedeutung »Heiligenlegende« angenommen, womit eine Erzählung gemeint ist, die den irdischen Lebenslauf ei-

---

3 In der Legenden-Forschung herrscht immer noch Uneinigkeit, was eine übereinstimmende Terminologie z. B. bei »Legende«, »Mirakel« und »Sage« betrifft; dieser Aufsatz richtet sich – soweit nicht anders deutlich gemacht – nach den Definitionen von Hellmut Rosenfeld, die dieser in verschiedenen Aufsätzen dargelegt hat. Seine Ergebnisse, eine Übersicht über die Legendenforschung und die Legendendichtung sowie umfassende Literaturangaben finden sich in seinem Buch: Hellmut Rosenfeld: Legende. Stuttgart: Metzler, [4]1982.

nes Heiligen oder einzelne Episoden daraus beinhaltet und der theologisch-moralischen Erbauung und Lehre dient. Der Begriff »Legende« hat im Lauf der Jahrhunderte gewisse Erweiterungen erfahren und wird gerade in der modernen Literatur auch auf Dichtungen mit wunderbaren, märchenhaften oder allegorisch zu lesenden Inhalten verwendet. Zur Definition und Gattungsgeschichte bleibt festzuhalten, daß

> »die abendländische Legende von Anfang an nur das Leben heiliger Personen und ihr Handeln als Menschen (wenn auch als von Gott begnadete Menschen) dargestellt (hat) und (...) deshalb wohl dem Wesen nach an die gläubige Verehrung der Heiligen gebunden (bleibt), wenn auch die Erzählform und Erzählart sich gewandelt hat. (...) Wenn statt eines schlichten Legendenberichtes die Romanform benutzt wird, wird sich meist eine psychologische Durchdringung ergeben und der Schluß wird zwar den Erweis eines heiligmäßigen Lebens erbringen können, aber nicht zur anbetenden Verehrung führen, wie es Aufgabe und Ziel echter Legende ist.«[4]

Eine solche enge Fassung des Terminus »Legende« ist vonnöten, um Überschneidungen mit anderen Gattungen zu vermeiden und das Charakteristische der Legendenform herauszustellen.

So wird zum Beispiel oftmals die »Mirakelerzählung« fälschlicherweise mit der Legende gleichgesetzt. Den mittelalterlichen »miracula« rechnete man neben Wundern auch »Exempel von Selbstverleugnung, Nächstenliebe, Prophetie, Vision und wunderbare Geistesbegabung durch Gott«[5] zu. Gerade hinsichtlich des musikalischen Genies von Elias, dem Hörwunder und seiner Vision der vorbestimmten Liebe, mag man hier aufhorchen. Deshalb muß gleich eingeschränkt werden: Im Unterschied zur Legende berichtet die Mirakelerzählung von Wundern, die auf dem persönlichen Eingreifen eines nicht

4 Rosenfeld (Anm. 3), S. 93.
5 Rosenfeld (Anm. 3), S. 25.

mehr auf Erden weilenden Heiligen ins irdische Geschehen beruhen. Bei diesen Wundern handelt es sich um Gebetserhörungen, die durch den Heiligen vollbracht werden.

2 »Genie« und »Heiliger«

Wie steht es nun um die theologische Definition des »Heiligen«? Anerkannter Heiliger konnte in den ersten christlichen Jahrhunderten zunächst jeder werden, dem die gläubige Verehrung durch das Volk zuteil wurde. Offiziell festgelegt wurde der Begriff der »dulia«, der Verehrung der Heiligen, in Unterscheidung zur »latria«, der allein Gott zustehenden Anbetung, im 2. Konzil von Nicäa im Jahre 787. Im Spätmittelalter erweiterte sich die Rolle der Heiligen von bloßen Mittlern hin zu den unmittelbaren Spendern des durch sie erbetenen Beistandes. Das Konzil von Trient bestätigte Mitte des 16. Jahrhunderts die nutzbringende Macht der Heiligen, die die Gebete der Menschen Gott darbrächten. Die erste Kanonisation, also Heiligsprechung durch den Papst, datiert auf das Jahr 993 (Heiligsprechung des Bischofs Ulrich von Augsburg). Verfahrensmäßig geht dem Prozeß der Kanonisation die Vorstufe der Beatifikation (Seligsprechung) voraus, für die nachgewiesen werden muß,

> »daß der gesamte schriftliche Nachlaß des Betreffenden theologisch einwandfrei ist (...), daß er die göttlichen und die Kardinaltugenden in ›heroischem‹ Maß geübt hat oder daß er Märtyrer ist, d. h. um des Glaubens willen getötet wurde und um seinetwillen die Tötung hinnahm; daß Gott auf seine Fürbitte hin mehrere (...) Wunder gewirkt hat; daß ihm bisher kein öffentlicher Kult erwiesen wurde. (...) Für die Heiligsprechung werden nach ordentlicher (...) Seligsprechung neue Wunder verlangt (...).«[6]

6 Hans Barion: Heiligsprechung. In: Die Religion in Geschichte und Gegenwart. Tübingen: J. C. B. Mohr (Paul Siebeck), 1959, Bd. 3, S. 176 f.

Der Erzähler nennt Johannes Elias Alder explizit Genie (z. B. SB 19: »Wunder [...] der Geniewerdung«), einen Menschen also mit ursprünglicher Schaffenskraft, der sich durch Intuition und Originalität auszeichnet, implizit aber auch Heiliger, denn wenn er Jesus mit Sokrates, Leonardo und Mozart gleichstellt (SB 14) – und mitteilt, »Johannes Elias Alder war einer von diesen« (SB 14) –, mischt er geniales Künstlertum und Philosophie mit dem Inbegriff höchster Heiligkeit. Ja, er gebraucht den Begriff »Heiliger« sogar wörtlich für alle »Großen dieser Welt« (SB 149), womit er ihn aus dem rein religiösen Begriffsfeld löst und als Ausdruck einer besonders herausragenden und sichtbar werdenden Begabung benutzt. Wenn er Elias später nicht »in die Reihen dieser Heiligen« (SB 149) gestellt wissen will, so schreibt er ihm zwar offensichtliche, außerordentliche Talente zu, betont aber gleichzeitig das unabänderliche Schicksal eines Menschen, der niemals wirklich die Möglichkeit haben wird, aus seiner engen – und engstirnigen – Umwelt auszubrechen.

Johannes Elias Alder ist sicherlich kein Heiliger nach dem katholischen Kirchenrecht[7] – er ist als in außergewöhnlichem Maße von Gott begnadet zu sehen. Bemerkenswerterweise vermag er durch Musik zu predigen (vgl. SB 175) – und dies auf wunderbar anmutende Weise. Elias ist, wie die meisten Heiligen auch, ein eher naiver Auserwählter. Gott hat ihm das Medium genialischer Musik gegeben, und er wirkt übermannt von seinen Kräften.

7 Auch die klassischen Eigenschaften eines Heiligen, wie sie in einer der großen Legendensammlungen »Legenda aurea« (ca. 1270) des Jacobus de Voragine (1230–1298) beschrieben werden, treffen auf Elias allenfalls in einzelnen Ansätzen zu. Diese Attribute, die einen Heiligen auszeichnen, sowie die Entwicklungsstufen einer typischen Heiligenvita sind nachzulesen in: Maria von Nagy/N. Christoph de Nagy: Die Legenda aurea und ihr Verfasser Jacobus de Voragine. Bern/München: Francke, 1971, S. 43 und 47 ff.

Es bleibt die Frage, ob *Schlafes Bruder* nicht zumindest eine Variante der Heiligenlegende ist, deren Protagonist zwar fern jeder Kanonisation ist, aber dennoch in weitergefaßtem Sinne heiligmäßig lebt, erfährt und stirbt.

3 Religion und Heiligenverehrung in Eschberg

Das Gottesbild der Eschberger Bauern entspringt offenkundig einer sehr strengen gerichtstheologischen Sichtweise, deren Hintergrund zum Beispiel in einer Sequenz, also einem liturgischen Zwischengesang, der *Choralmesse für die Verstorbenen* zu finden ist. Dort ist die Rede von Gott als »rex tremendae majestatis«[8], was frei übersetzt bedeutet »König einer Größe (Erhabenheit, Würde), die erzittern läßt«; Gott erscheint als strenger Richter, und der Mensch muß um seine Gnade flehen. In dieser Sequenz wird das schreckliche Gericht, dem jeder Mensch unterworfen sein wird, heraufbeschworen. Die Eschberger fürchten also ihren Gott, stellenweise begegnen sie ihm sogar mit Feindseligkeit (SB 93). Die Kuraten, als einzige Seelsorger in der abgeschiedenen kleinen Welt, versagen völlig, müssen unglaubwürdig und lächerlich wirken. Der eine, Kurat Benzer, schwängert die Frauen im Dorf und tötet sich offenbar selbst, der andere, Kurat Beuerlein, befindet sich den größten Teil seiner Amtszeit in einem Zustand geistiger Umnachtung.

Gleich zu Beginn des Romans wird Gott in der Rolle des »rex tremendus« bestätigt: Er plagt die Menschen mit drei verheerenden Feuern innerhalb eines einzigen Jahrhunderts, um ihnen zu zeigen, daß er sie dort nie gewollt habe (vgl. SB 10). Die Beschreibung der Plagen ist inhaltlich und sprachlich eine deutliche Anlehnung an biblische Strafgerichtsszenen (vgl. Offb 8,6 f.). Während beim »Ersten Feuer« ein apokalyptischer »Feuerengel« (SB 76) im Dorf wütet, scheint sich die »Offenbarung«

8 Gebet- und Gesangbuch für das Erzbistum Köln. Köln: Bachem, 1949, S. 639.

(SB 78) der Liebe zwischen Elias und Elsbeth zu erfüllen. Wenn Gott den Menschen mit dem Feuer sagen will, er habe sie nie in Eschberg gewollt, so ist Peter, der Brandstifter, sein Werkzeug und eben jener Feuerengel. Die Bedeutung der Feuer wird durch die Großschreibung in der Numerierung unterstrichen, die Feuersbrünste sind Marksteine in der begrenzten Historie des Eschberger Mikrokosmos.

Der Erzähler schildert Gott als äußerst brutalen Herrscher, der die Menschen als einfältige Werkzeuge für einen »satanischen Plan« (SB 13) benutzt, und er bekräftigt, sein Buch sei eine Anklage wider diesen Gott (SB 13). Hier ist die Ironie des Erzählers noch nicht ersichtlich, noch teilt er scheinbar das Gottesbild der Eschberger – anders als in späteren Abschnitten der Geschichte, wo Ironie im steten Wechsel mit deskriptivem Pathos für geschickt plazierte Spannungsbögen sorgt. Glaube und Aberglaube, religiöser Eifer und vorteilbedachtes Ausnutzen der Religion liegen in Eschberg dicht beieinander. Elias' »gläserne Stimme« (SB 31) macht ihn zum Außenseiter, man hält das Kind für »verwunschen« (SB 31). Die körperlichen Veränderungen nach dem Hörwunder werden sogleich als »Gottes Fluch« (SB 40) ausgelegt, und in der Rangordnung fällt er, der »Gelbteufel« (SB 43), noch hinter die Mongoloiden zurück. Die Seffin bemüht gar »rätselhafte Kulte« (SB 50), verstümmelt sich an der Wange, um ihr Fleisch dem Heiligen Eusebius darzubringen, nur, um von dem Fluch, der auf ihrem weggesperrten Sohn liegt, befreit zu werden. An diesem Beispiel zeigt sich eine rituell übersteigerte und abergläubisch anmutende Heiligenverehrung, das Groteske der Situation birgt zudem eine gewisse Komik. Außerdem zeichnet sich in der seelischen Gewalt, mit der der Junge konfrontiert wird, bereits ab, daß der eigentliche Fluch, der auf ihm liegt, seine augenscheinliche Verschiedenheit ist. Sie reißt ihn aus der Mitte der Bergdörfler und wird ihm immer wieder den Weg zu einem Ausleben seiner Fähigkeiten versperren.

Wie schlimm ein Außenseiter enden kann, wird mit dem

Mord am Meistensteils, dem Roman Lamparter, verdeutlicht. Weil er vom Ersten Feuer verschont wird und sich durch seine Lebensweise schon immer zum befremdlichen Subjekt in der Bauernwelt gemacht hat, tritt das Aldersche Plappermaul eine Lügenlawine los, die in der Verbrennung des Meistenteils, des »Antichrist(en)« (SB 82), gipfelt. Es wird klar, daß Elias niemals als Auserwählter in Eschberg Anerkennung erfahren wird. Was die Vorstellungskraft der Eschberger übersteigt, hat keinen Platz in ihrer Welt, muß zwangsläufig fluchbeladen oder Teufelswerk sein.

Wie im Wortsinn bauernschlau mit Gott und seinen Heiligen umgegangen wird, davon zeugt besonders das Kapitel »Die Stimme, die Tiere und die Orgel«. Nachdem Elias sich dem blinden Haintz mittels seines Imitationstalents als »Prophet Elias« (SB 59) präsentiert hat, um diesen am Landdiebstahl zu hindern, setzt die Haintzin eilfertig eine Offenbarungsmaschinerie in Gang. Sie schwindelt die Stelle der angeblichen Heiligenerscheinung aufs eigene Grundstück, sorgt dafür, daß der Kurat eine Feldbenediktion spricht, und gibt beim Holzschnitzer Kreuzwegstationen und Opferstöcke in Auftrag – all das in der Hoffnung, aus Rom würde auf ihren Brief hin eine folgenreiche Antwort nach Eschberg gesandt. Die Haintzin sieht bereits die Gläubigen den Kreuzweg entlang pilgern. Der Antwortbrief aus Rom trifft natürlich nie ein. An falsche Wunder glauben die Eschberger also nur zu gerne, den Außergewöhnlichen in ihrer Mitte vermögen sie allerdings nicht anders denn als Verteufelten zu sehen.

Der Erzähler schildert den Eschberger Heiligenzauber sehr mokant, überhaupt ist sein Umgang mit dem Gottesbild der Bergdörfler und ihrer Heiligenverehrung äußerst ironisch.

4 Die Vita des Johannes Elias Alder

Schon Elias' Geburt an Johannis 1803 ist von Gott in besonderem Maße begleitet. Das Kind, welches sich eben noch gegen den Eintritt in die Welt – und somit Gottes

Plan – gewehrt hatte, wird gewaltsam, ohne Hilfe der Hebamme und mit gerissener Nabelschnur herausgepreßt. Gott zeigt seine Macht, Leben zu schaffen, zum zweiten Mal, als der Säugling zu atmen beginnt, weil die Hebamme in ihrer Verzweiflung das Tedeum anstimmt. An dieser Stelle spricht der Erzähler von der »Mensch- und Geniewerdung« (SB 19) als doppeltem Wunder. Gottes Einfluß und Gegenwart werden also von Beginn an herausgestellt. Hier sei noch angemerkt, daß Elias' leiblicher Vater zudem ein Mann der Kirche ist: Kurat Elias Benzer – ein augenzwinkernder Seitenhieb gegen das selbstangestimmte religiöse Pathos des Erzählers. Elias' Vater nimmt seine Aufgabe als Hirte der Eschberger Weiblichkeit besonders genau und gibt somit alles andere als das Bild eines verantwortungsbewußten Gottesmannes ab. Im folgenden wird sein unehelicher Sohn, der eine Vorliebe für schwarze Kleider entwickelt, überdies »Pfaffenheuchler« tituliert (SB 94). Ein Hang zum Priesterlichen ist ihm wohl mitgegeben (vgl. auch Elsbeths Gedanken, SB 140).

Nicht zufällig war es wohl der Klang des Gotteslobes, der Elias ins Leben rief; auch seine erste wirkliche Entdeckung der Musik ist eng ans Kirchliche gebunden. Es ist der Taufchoral, der den Säugling erstmals über die Musik jubilieren läßt. Schon bei der Taufe spürt der Ziehvater Seff, daß »mit dem Bub (etwas) falsch ist« (SB 29), und der Kurat schafft es nicht, den Namen seines Sohnes Johannes Elias mit ruhiger Hand ins Taufregister einzutragen. Drei Tage später stürzt er gar vom Petrifelsen – ereilte ihn vielleicht die Strafe Gottes, weil er sich nicht als standhaft genug erwiesen hat? Geburt und erste Lebenswochen des Johannes Elias Alder sind bereits von merkwürdigen Vorzeichen überschattet.

Das Hörwunder ist wohl als die herausragendste Stelle zu nennen, wenn Anlehnungen an Heiligenlegenden untersucht werden sollen. Hier ist die Auserwähltheit des Kindes, das göttliche Wunder, so spürbar und eindringlich wie kaum sonst in der Geschichte (die Erscheinung des nabellosen Kindes und Elias' Konzert in Feldberg einmal ausgenommen). Zunächst kündigt sich Gottes Wunder dem Elias »beinahe menschlich« (SB 33) an, der Junge folgt dem Ruf des wasserverschliffenen Steines fröhlich, er wird machtvoll angezogen wie die Heilige Bernadette Soubirous von der »Dame« bei Lourdes. Als er dann jedoch das Universum tönen hört, vollzieht sich nicht nur ein mentales Wunder, sondern auch ein körperliches. Dem Jungen wird eine dauerhafte Bewußtseinserweiterung zuteil, und im gleichen Augenblick zeigt sich die wundersame Reife auch physisch: Elias pubertiert. Wie um das auserwählte Kind für alle sichtbar zu stigmatisieren, färben sich die Augen gelb, was Elias' Außenseiterrolle noch vertieft. In der Farbensymbolik gilt Gelb als eine Farbe mit übler Vorbedeutung, sie deutet auf Neid und Mißgunst hin (vgl. in diesem Zusammenhang SB 118: »der Neid schläft nicht«), wird synonym mit »böse« gebraucht. Da die Farbe Grün jedoch auch als Zeichen für Unreife gedeutet wird, unterstreicht der Wechsel der Augenfarbe sicherlich auch die rasche Reifung des Jungen zum Mann.

Der letzte Klang und Höhepunkt des Hörwunders wird lebensbestimmend für Elias: Er hört den Herzschlag der ihm seit Ewigkeit vorbestimmten Geliebten. Als Elsbeth später geboren wird, erlebt Elias ein ähnliches Hochgefühl, ihm ist sogar zumute, »als schaute er das Paradies« (SB 52). Gott legt Elias mit dem Hörwunder den Konflikt seines Lebens in den Schoß: das Wissen um eine vorbestimmte, ihm von Gott verheißene Liebe und die Gabe, in einer Klangwelt zu leben und agieren, die für alle anderen Menschen verschlossen bleiben wird – es sei denn, sie erführen sie durch seine Werke.

Der fünfjährige Elias erscheint also innerlich wie äußerlich verändert. Binnen Minuten reift er über jedes Maß heran. Wenn man sich die körperlichen Wandlungen einmal wie beschrieben vor Augen führt, muß der Junge geradezu greisenhaft wirken. Die Zähne fallen aus, die gläserne wird zur Baßstimme, und das Haar fällt ihm auf dem Hinterkopf »in großen Büscheln« (SB 39) aus – das Bild einer zumindest angedeuteten Mönchstonsur bietet sich an dieser Stelle geradezu an. Mit der Tonsur war in der katholischen Kirche die Aufnahme in den Klerikerstand verbunden; das Ausfallen der Haare, wie der Erzähler es beschreibt, könnte also durchaus als Anspielung auf eine Art Weihe des Elias gesehen werden.

In gewisser Weise mönchisch ist später auch sein Umgang mit der schnell gereiften Sexualität. Er sieht nicht die Lüsternheit der Frauen des Dorfes, die »nach dem Ort seines übermäßig entwickelten Geschlechts« schielen (SB 54); er begreift ihre Blicke schlichtweg nicht. Von zölibatärem Verhalten zu sprechen, wäre allerdings verfrüht, denn gerade in dem unbewußten Ausweichen vor körperlichem Verlangen liegt der Unterschied zum Mönch. Allerdings trägt dieses Unbewußte dazu bei, daß Elias ein reines unverdorbenes Herz behält. Erst sehr viel später unterscheidet er überlegt zwischen fleischlicher und seelischer Liebe (SB 108).

Zwei Tage vor seinem elften Geburtstag lernt Elias, mit der Kopfstimme zu reden, und dies führt dazu, daß eine weitere außergewöhnliche Begabung zutage kommt, eine Begabung, die sofort an eine der bekanntesten Heiligenviten erinnert. Elias ist imstande, mit den Tieren zu reden. Zunächst noch, ohne es zu ahnen (SB 55), bald schon jedoch hält er Zwiesprache mit ihnen (SB 61). Und in den letzten Stunden seines Lebens sind es die Waldtiere, die seine »letzte Botschaft« (SB 197) vernehmen. Die direkte Anspielung auf die Vita des Franziskus von Assisi, der gemäß der Legende einer Schar von Vögel predigte und angeblich mit den Tieren kommunizieren konnte, ist offensichtlich.

Elias trainiert seine Stimme und bemerkt ein weiteres Talent, seine hervorragende Imitationsgabe. Die Entdeckung dieses Talents führt zu einer bezeichnenden Passage, in der die Thematik der Heiligenlegende gewissermaßen ad absurdum geführt wird und der unterschwellige Vergleich von Elias mit Heiligen wie Franziskus von Assisi als Ironie entlarvt wird. Der blinde Haintz will Seff beim Zaunbau Land stehlen, doch Elias beobachtet ihn dabei und gaukelt dem Verängstigten mit unheimlicher Stimme vor, er sei »der Prophet Elias« (SB 59). Abgesehen von der erstmals offensichtlichen Ironie und Direktheit der Anspielung auf Elias als »Heiligen« hat die Begebenheit noch ein Nachspiel, welches das Gottesbild der Dörfler in lächerlicher Weise bloßstellt (s. o.).

In den Dienst der Kirche tritt Elias im Jahre 1815. Nach dem tödlichen Unfall des Warmund Lamparter wird er der neue Blasebalgtreter. Gott hat die Hauptfigur seines Plans auf grausame Weise in seine Kirche integriert. Elias erweist sich als »ein unendlich geduldiger Diener« (SB 65), trotzdem zeigt sich bereits, daß je näher Elias seiner Bestimmung, dem Platz an der Orgel rückt, sich in um so vehementerem Maße Neider und Mißgünstlinge melden. Sein Onkel und Organist Oskar beschließt, seinem Neffen niemals das Orgelspiel beizubringen, denn er ahnt, wie unvollkommen seine eigene Musik daneben klingt. Wie viele Heilige muß auch Elias unter den Ressentiments von Repräsentanten der Kirche leiden, die sich gegenüber derartiger Erwähltheit, angesichts dieses raschen Erlangens von offenbar göttlicher Gnade ihrer eigenen Unvollkommenheit, ihres dornigen Weges zu niemals wirklich außergewöhnlicher Größe in allzu quälender Weise bewußt werden. Daß Elias, wenn überhaupt, dann ein »musikalischer Heiliger« sein muß, ist nicht nur in einem späteren Romanteil zu lesen (»Das Orgelfest«), in dem Elias den Zuhörern durch sein Orgelspiel den Himmel näher bringt, es wird außerdem vom Erzähler mittels scheinbar nebensächlicher Einschübe verdeutlicht, wie in der Episode der ersten Orgelkompositionen (SB 70): »Die Orgel mußte geheilt werden, und Elias beschloß, dafür Sorge zu tragen, daß die Orgel bald gesund würde. Er wolle nicht ruhen, flüsterte er mit sich, bis daß sie ihre Seele wiedergefunden habe.« (SB 70) Dies beim Menschen zu vollbringen, eine Seele zu retten, wäre das Werk eines wahrhaftigen Heiligen. Besonders im Mittelalter – und mittelalterlich sind die Vorstellungen der Eschberger Bauern – wurde die Orgel mit dem Preis der göttlichen Wahrheit in Verbindung gebracht. Wenn Elias also ein solches Instrument vervollkommnet, erweist er sich als Mittler des Wort Gottes. Er setzt diesen Weg sogar fort; während seiner Zeit als Schullehrer wird Elias sich bemühen, den Kindern die Seele in allen Dingen, nicht nur im Menschen, begreifen zu machen (SB 119).

Nach dem Ersten Feuer wird Elias zum ersten Mal mit dem Bösen konfrontiert. Er weiß, daß Peter der Brandstifter ist und überdies sein Vater Seff der Rädelsführer der Meistenteils-Mörder. Elias begeht keinen Verrat, doch neben der stillen Liebe zu Elsbeth entwickelt er neuerdings Haßgedanken (SB 91). Seine Seele ist nun nicht mehr unschuldig.

Schließlich entscheidet Elias sich für die Liebe zu Elsbeth und gegen die Verwirklichung seines musikalischen Genies. Der sich dem Leser immer wieder präsent machende Erzähler läßt damit eine Auflehnung gegen Gott einhergehen (SB 96), wobei natürlich auch die Liebe Teil des »verschwenderischen Planes« (SB 95) sein muß, denn sie ist ebenso vorherbestimmt wie das Talent. Letztlich dankt Elias Gott, weil er nach dem Besuch des Schaupredigers Corvinius Feldau von Feldberg und dessen Worten »Wer schläft, liebt nicht« (SB 103), seine Bestimmung gefunden zu haben glaubt. Endlich nähert er sich Elsbeth. Er führt sie sogar zum Ort seiner Erweckung, jener mystischen Fußsohle Gottes. Dort passiert es: Elsbeth führt ihn unbewußt mit ihren weiblichen Reizen in Versuchung. Elias vermag der Anfechtung zu widerstehen, wünscht sich aber, er könne ihr zeigen, daß wahre Liebe sich an die Seele verschenke. Ohne von kirchlichen Regeln beschränkt sein zu müssen, verhält sich Elias wie ein Zölibatär. Seine Verhaltensweise ist wiederum in Ansätzen mönchisch; er weiß in seiner Unaufgeklärtheit, diesem typischen

Eschberger Attribut, nicht einmal einen sexuellen Traum in sein Weltbild einzuordnen (SB 111).

Am Ostermorgen 1820 zeigt sich erstmals Elias' Talent, musikalisch zu predigen. Er spielt an Stelle seines Onkels Oskar Alder die Orgel, und die Eschberger hören eine Musik, die ihre Seele »hochgestimmt« macht und ihre »sturen Gemüter lammfromm« (SB 115). Eine Zeit des Glücks bricht für Elias an, er wird Organist und Schulleiter – allerdings wieder auf Kosten des Todes eines Menschen, nämlich Oskar Alders. Bald schon melden sich die ersten Neider, Elias fühlt sich gleichwohl Gott und seiner Bestimmung nah. Dieser harmonische Zustand hält nicht lange an, die Liebe zu Elsbeth, welche er ihr nicht mit Worten zu gestehen wagt und die sie nicht erkennt, zehrt an Elias »wie eine Krankheit« (SB 119). Sein musikalischer Eifer erwacht bezeichnenderweise erst wieder zur Passionszeit. Das Leiden Christi ist ihm ein »musikalisches Anliegen« (SB 120) – vielleicht weil er ahnt, daß ihm selbst eine Leidenszeit vor dem Tode bestimmt ist? In seinem Glauben wird Elias unsicher und steigert sich in eine fanatische Marienverehrung hinein. Dieses Klammern an einen äußerlichen Glauben verdeutlicht die mangelnde innere Festigkeit, die Prüfungen und Zweifel, die Elias durchstehen muß. Es wird weiterhin ersichtlich, daß die keusche Verehrung der Muttergottes die Funktion eines Ersatzes für die unrealisierte Liebe zu Elsbeth hat (SB 121).

Den Ausschlag zur Abwendung von Gott und Hinwendung zur Sünde gibt letztlich Peter. Er zwingt Elias zu einem Streich gegen die Burga Lamparter (SB 123–130) und nutzt die Gelegenheit, sich seinem Cousin körperlich zu nähern. Im Zuge dieses Streiches lästert Elias Gott, indem er mit verstellter Stimme und zu niederem Zwecke einen Schwur auf alle Heiligen und die Verstorbenen leistet – »er hatte die Sünde entdeckt und fing an, sie auszukosten« (SB 130). Das Sündhafte in Elias äußert sich auch in seinem Orgelspiel, plötzlich komponiert er dissonante Musik, die ihm verboten und sündig erscheint.

Doch der Tiefpunkt seiner Glaubenskrise ist zu diesem Zeitpunkt nicht erreicht, noch sind seine Gedanken erfüllt von Liebe zu Elsbeth. Elias erlebt eine »Zeit des Friedens« (SB 133), denn sein Vater Seff bereinigt in einem Gespräch die Beziehung zu seinem Sohn, welche bislang unter dem unausgesprochenen Mordgeheimnis sehr gelitten hat.

Etwa zu der Zeit, da Seff einen Schlaganfall erleidet und für immer gelähmt sein wird, beginnt Elsbeth, über die Liebe nachzudenken. Sie und Elias verbindet zwar eine tiefe Freundschaft, über weitergehende Gefühle schweigen sich beide jedoch aus – repräsentativ für die Eschberger, die »sprachlos bis in den Tod« (SB 136) sind. Der Erzähler macht noch einmal Elias' Dilemma deutlich: Zum einen nütze es nichts, ihn von der Traumwelt in die Realität zu mahnen, zum anderen wäre auch die Erkenntnis des eigenen genialischen Musiktalents bedeutungslos, denn Elias würde die Liebe stets über das Genie stellen.

Es kommt schließlich, wie es kommen muß, Elsbeth erwählt den Lukas Alder, und aus Gewöhnung wird Liebe – Elsbeths Art zu lieben (die an späterer Stelle noch zu untersuchen ist). Zwar denkt sie über Elias in der Rolle eines Ehemanns nach, aber er ist ihrer Meinung nach dazu bestimmt, »ein geistliches Oberhaupt, ein Prälat oder am Ende auch ein Bischof« (SB 140) zu werden. Die Aura, die ihm anhaftet, ist allem Anschein nach nicht nur die des genialischen Menschen, sondern auch die eines kirchlichen Würdenträgers.

Den Anstoß zur entscheidenden Wendung in Elias' Krisis gibt schließlich der sadistische Peter, der ihm von Elsbeths Schwangerschaft berichtet. Übermannt von Leid und Hoffnungslosigkeit schleicht Elias nachts in die Kirche und schreit »Gott in sich zu Tode« (SB 142); er zürnt, Gott habe ihn ein Leben lang getäuscht. Der Tiefpunkt seiner Glaubenskrise, seines Lebens ist erreicht.

In seiner Anklage hadert er mit Gott, verflucht ihn, weil er das Böse erschaffen habe, wirft ihm vor, ein Ungott, kein liebender Gott zu sein. Elias läßt Gott wissen, daß er sich gegen dessen Fügung stelle, künftig nur noch nach seinem eigenem Willen handele. Angesichts dieses negativen und grausamen Gottesbildes, das Elias hier zeichnet, scheint es folgerichtig, daß Gott sich ihm als verletztes Kind zeigt (SB 147). Im Moment der Abwendung von Gott verstößt dieser ihn nicht, sondern gewährt ihm das Erlebnis der Theophanie, der Sichtbarwerdung Gottes. Die Theophanie betont erneut die Erwähltheit des Elias; dabei ist nicht von Belang, ob es sich um eine Halluzination oder eine objektiv reale Gotteserscheinung handelt, denn für Elias ist das Erlebnis Wirklichkeit und wird bestimmend für sein weiteres Leben.

Dabei ist die Szenerie (SB 145–148) geradezu kitschigreligiös. Der vormals extrem hochstilisierte Gott erscheint dem Elias als kleines, nabelloses Kind, und er erkennt bald, wer sich ihm in dieser Gestalt zeigt. Die Szene in der Kirche enthält Andeutungen sowohl auf die Weihnachts- als auch auf die Passionsgeschichte, dabei wird der in der Bibel geschilderte Sinngehalt zuweilen spiegelbildlich verkehrt. Wenn Elias ruft, es sei sein und nicht Gottes Wille, wenn er untergehe (SB 145), so ist dies eine Umkehrung der Worte Jesu am Ölberg (Lk 22,42), welche die Ergebenheit Jesu in den Plan Gottes verdeutlichen. Auch Elias' Ausruf »ich fürchte Dich nicht« (SB 146) könnte man, gerade wegen seines Gebrauchs in Hinsicht auf das Kind, als Anspielung auf das »Fürchtet euch nicht« (Lk 2,10) des Engels von Bethlehem interpretieren.

Deutlicher noch sind Bezüge zur Leidensgeschichte Christi. Während die Kreuzwegfiguren zittern, also gleichsam einen Hauch von Lebendigkeit erhalten, zeigt sich das Kind mit Verletzungen, die denen aus der Passion ähnlich sind, so am Kopf, was offenbar ein Hinweis auf die Dornenkrone ist. Die Leiden des Kindes sind augenscheinlich, und durch die Begegnung mit dem zerschundenen Kind erfährt Elias eine Art Erlösung von seinen persönlichen Leiden. Sein bisheriges Gottesbild eines »rex tremendae majestatis« wird abgelöst von der erfüllenden Begegnung mit einem mitleidenden Gott. Elias fühlt sich glücklich und friedvoll.

Als er das Kind berühren will, reißt dessen Körper auf, und Elias ahnt, »daß er das Kind nicht berühren durfte« (SB 148). Als biblische Entsprechung wäre hier zum Beispiel die Passage der Begegnung des Mose mit Gott (Ex 33,18–23) anzuführen. Eine Berührung Gottes in Gestalt des Kindes, nach der Elias sich sehnt, würde seinen Tod bedeuten, denn das Erfahren der absoluten »Schönheit« (SB 148; Ex 33,19) ist im irdischen Leben nicht zu ertragen. Von diesem Augenblick an erkennt Elias die »Sinnlosigkeit allen Lebens« (SB 149) und will sterben. Er wird ohnmächtig.

Betitelt ist das Erscheinungs-Kapitel mit »Gott fürchtet den Elias«. Inwiefern Gott den Elias fürchtet, bleibt etwas unklar – es sei denn, sein Erscheinen infolge der Klagen des Elias wird als eine Art Rechtfertigung interpretiert –, denn im Grunde demonstriert er recht eindrucksvoll seine Macht. Indem Gott dem Elias als zerschundenes Kind erscheint, läßt er diesen seine wahre Größe erkennen, die eben in der Verletzlichkeit und nicht in der Grausamkeit liegt.

Die Erscheinung zieht zwei äußerliche Wunder bzw. »Zeichen« (SB 149) nach sich: Elias erlangt seine grüne Augenfarbe zurück, und sein Vater ist für eine halbe Stunde von der Lähmung befreit, er kann plötzlich wieder reden. Letzteres hat sein Vorbild in der Geburtsgeschichte Johannes des Täufers (Lk 1,5–66). Dessen Vater Zacharias war von Gott mit Stummheit geschlagen worden und erlangte die Fähigkeit zu sprechen erst nach der Geburt seines Sohnes wieder. Insofern könnte Elias' Erlebnis in der Kirche – unter Berücksichtigung der Tatsache, daß er seine ursprüngliche Augenfarbe zurückerhält – als eine Art zweite Geburt bezeichnet werden.

Elias fühlt sich endlich »erlöst« (SB 149); Gott hat ihn von der sehnsüchtigen Liebe zu Elsbeth befreit. Wie sich zeigen wird, ist das Erlösungsgefühl, das er empfindet, nicht von Dauer, vielmehr führt es zu jener Erkenntnis, die Elias bald mit seinem Schicksal hadern läßt: Er leidet nun an der Situation, nicht mehr fähig zur Liebe zu sein. Letztlich fühlt er sich nicht wirklich befreit, deshalb verfällt er einer »krankhafte(n) Vergangenheitssucht« (SB 160). Der Entschluß zu sterben reift in ihm verstärkt heran.

In diesem quälerischen Zustand wird er vom visitierenden Domorganisten Goller aus Feldberg entdeckt und zum alljährlichen Orgelfest eingeladen. Elias tritt den Weg zu seinem letzten Triumph gemeinsam mit Cousin Peter an – barfüßig und in abgerissenen Kleidern. Seine »sonderliche Erscheinung« (SB 169), die Anlaß zu Schmähungen und arrogantem Verhalten gibt, wird die musikalische Größe von Elias, seinen Erfolg und seine Außergewöhnlichkeit noch akzentuieren.

Bevor Elias vorspielt, liest der Generalvikar den 150. Psalm, das große Halleluja, in dem das Gotteslob besonders mittels des Spielens von Musikinstrumenten gefordert wird. Nach diesem Leitmotiv erfolgt die Auslosung der Stücke für die Kandidaten. Für Elias wird die Kantate Nr. 56 von Bach ausgelost, »Kömm, o Tod, du Schlafes Bruder« (SB 171). Dieses Lied ist durchdrungen von der Sehnsucht nach Erlösung, außerdem natürlich bezeichnend und von besonderer Schicksalsträchtigkeit, wenn man das Leiden und den Tod von Elias bedenkt. In der griechischen Mythologie ist Thanatos, der Todesgott, Zwillingsbruder des Hypnos, des Gottes des Schlafs. Seither wird der Tod immer wieder, wie auch in Bachs Kantate, als Bruder des Schlafs bezeichnet. In Elias' Art zu sterben wird die Nähe von Schlaf und Tod erneut versinnbildlicht. Mit dem Ergebnis der Lied-Auslosung wird zugleich auf das vorbestimmte Schicksal, das Los des Elias, hingewiesen. Und so ist er von den Worten und der Melodie der Kantate gleich »gefangengenommen« (SB 172).

Elias interpretiert durch sein Orgelspiel zunächst die vorgegebene Musik, er beschreibt das sinnlose Aufbegehren des Menschen gegen Gottes Willen. Die sich steigernde Musik nimmt den Charakter einer Predigt an, wird schließlich zur einzigen Wahrheit. »Der Choral aber war der Tod.« (SB 175) Elias gelangt mit seinem Spiel bis in den Zustand vermeintlicher Erlösung, die Improvisation wird leicht und frei von Düsternis; ihm gelingt das, was er vor dem Orgelfest krankhaft herbeizuführen wünschte: das Versinken in der Vergangenheit. So geschieht es, »daß Elias wieder liebt« (SB 177). Er endet sein virtuoses Spiel im musikalisch gemalten »Zustand des Paradiesischen« (SB 180). Die Zuhörer im Dom sind wie hypnotisiert, und Elias hat das vollbracht, was kaum ein Prediger zu vollbringen vermag: Er hat die Menschen »bis auf das Innerste (ihrer) Seele« erschüttert (SB 178 f.).

Nach diesem großen Triumph, der zeigt, wie Elias' Genie und seine Erwähltheit außerhalb der beschränkten Eschberger Bauernwelt hätten erlebt werden können, wenn ihm nicht ein anderes Schicksal bestimmt gewesen wäre, verläßt Elias mit Peter Feldberg. Er will auf dem Heimweg durch das Bachbett der Emmer marschieren – »ein alter, schmerzensreicher Weg« (SB 187), seine persönliche »via dolorosa«. Es scheint, als wolle er vor seinem Tod noch einmal eine Art Bußgang absolvieren, sich durch den beschwerlichen Weg auf die Schmerzen seines Todes vorbereiten. Sein Ziel ist der Ort, von dem Elias glaubt, »daß man von diesem Punkt in den Himmel kömmt« (SB 109), der Platz mit dem wasserverschliffenen Stein. Diesen Ort, »an welchem alles begonnen hatte und an welchem nun alles enden sollte« (SB 189), hat er folgerichtig ausgewählt, um die ewige Seligkeit zu erlangen – und ewig zu lieben!

Elias scheint verrückt geworden zu sein, zumindest aber ist er in einem entrückten Zustand, er will schlaflos sitzen »bis zum Jüngsten Tag« (SB 190). Seinen Äußerungen ist allerdings zu entnehmen, daß er im Grunde nicht seinen Selbstmord inszenieren will, vielmehr ist ihm am Gegenteil gelegen: Er will »sein Leben wach und neu« leben (SB 192). In Erinnerung an den Schauprediger sei ihm die Erkenntnis gekommen, Gott habe ihm

Elsbeth verweigert, weil er nur halbherzig geliebt habe, denn wer schlafe, könne nicht lieben, erklärt er Peter. Die Zeit des Schlafs sei Verschwendung, also Sünde. Er sieht den Schlafentzug, den er durch Tollkirschen, Stechäpfel und Narrenschwämme unterstützen will, also als eine Art Läuterungs- und Wandlungsprozeß an, der ihm neben der Liebe Elsbeths auch die »Gewißheit der ewigen Seligkeit im Himmel« (SB 192) einbringen soll. Elias glaubt, mit der endlich wahrhaftig gelebten Liebe zu Elsbeth den Willen Gottes zu erfüllen, vermeint, dessen Plan zu erkennen. Er löst das Problem der Theodizee, also der Rechtfertigung Gottes hinsichtlich des von ihm zugelassenen Bösen und Üblen in der Welt, das sich Elias bei seiner Anklage gegen Gott (SB 142 f.) gestellt hat, zumindest für seinen individuellen Fall.

Im Verlaufe seines Schlafentzugs wandert Elias für drei Tage und drei Nächte auf den höchsten Berg der Gegend. Vielleicht glaubt er, Gott dort näher zu sein, denn auch sein Namenspatron, der Prophet Elias, wanderte zum Berge Horeb, wo ihm Gott erschien (1 Kön 19,8–14). Nach der Wanderung befiehlt Elias Peter, seinen kraftlosen Körper an den Stamm einer jungen Esche zu binden. Im Volksglauben zählt zu den apotropäischen, also Unheil abwendenden Eigenschaften der Esche, daß diese giftwidrig sei, daß einem Menschen im Schatten einer Esche Gift nichts anhaben könne. Elias' schleichende Vergiftung indes verhindert die junge Esche nicht. Am siebten Tag nennt der Erzähler Elias zum ersten Mal »Märtyrer« (SB 196), womit eine gewisse Kategorisierung einhergeht. Der »Märtyrer«, vielfach »Prototyp des Heiligen«[9] genannt, ist jemand, der in besonderer Weise Zeugnis gibt von Tod und Auferstehung Jesu. Im engeren Sinne ist damit der gemeint, der sein Leben für Christus, in der Verteidigung seines Glaubens, der Rechte und Einheit der Kirche, des Sakramentsge-

9 Gaston Richolet: Kirche, deine Heiligen. Würzburg: Echter, 1970, S. 20.

heimnisses oder für eine christliche Tugend geopfert hat. Der Tod wird erduldet, um des Glaubens willen angenommen. Elias opfert sein Leben der Liebe und der Hoffnung auf ewige Seligkeit. Er nimmt die Leiden des Schlafentzugs mit all seinen Folgen auf sich, um Gottes Willen zu erfüllen. In streng kirchenrechtlichem Sinne ist sein von ihm selbst herbeigeführtes Sterben sicherlich kein Martyrium, ein Martyrium ist jedoch das zentrale Motiv des Romans, sein Dasein als verkanntes, in Isolation und Lieblosigkeit lebendes Genie.

In der siebten Nacht erlebt Elias noch einmal eine Amplifikation seines Gehörs, dann stirbt er an Atemlähmung. Anders als sein Namensvetter Johannes der Evangelist kann er nicht ohne Schaden vom Gift kosten.

»Gott war fertig mit ihm.« (SB 198) Mit diesem Satz wird erneut die alleinige Lenkung seines Schicksals von Gott verdeutlicht. Dies und die Betonung des Todes durch Atemlähmung »aufgrund des überdosierten Genusses der Tollkirsche« (SB 198) verdeutlichen, daß es sich nicht um einen Selbstmord im herkömmlichen Sinne handelt. Eines der wesentlichen Ziele Elias' war schließlich, ein erlöstes, ewiges Leben zu führen; zumindest aber fehlt dieser Selbsttötung der sündhafte Aspekt der Flucht vor Verantwortung.

Elias' Tod führt zu einer positiven Charakterwandlung bei Peter. Der Sadist und Brandstifter findet »wie durch ein Damaskus-Erlebnis« (SB 201) wieder Zugang zu Menschen und Tieren, durch Elias' Ende wird er »geläutert« (SB 201) und, wenn man den Vergleich mit dem Apostel Paulus aufgreift, regelrecht zum besseren, christlichen Menschen bekehrt. Elias' Tod bleibt also sinnvoll, bedeutet einen Sieg Gottes.

Neun Jahre nach Elias' Tod wandert Elsbeth mit ihren sechs Kindern – unter ihnen Cosmas, dessen Ende dem Leser aus dem eigentlichen »letzte(n) Kapitel« (SB 10) bekannt ist – zu der Stelle mit dem wasserverschliffenen Stein. Hier zeigt sich, daß Elias' irdisches Streben nach Vermittlung und Erfüllung seiner Liebe gänzlich gescheitert ist. Elsbeths Verständnis von Liebe äußert sich auf die diesbezügliche Frage ihres Sohnes Cosmas (SB 204) in einer zärtlichen, mütterlichen Geste. Ihre Liebe ist wesentlich erdverbundener, simpler und weniger vergeistigt als die von Elias. Im Gegensatz zu seiner genialischen – und bis zum Tod exzentrischen – Liebesvorstellung ist die ihre die eines im positiven Sinne durchschnittlichen Menschen. Elias' Sehnsucht nach einer vom Fleischlichen losgelösten Liebe, die nur die Seele will, hat sie nie nachempfinden können, auch hat sie niemals begriffen, daß Elias allein ihr Herz suchte, daß eben sie jene Liebe war, die er »nicht (hatte) finden können« (SB 204). Vor den Kindern reduziert sie Elias zu einem geheimnisvollen, ihr »gut bekannt gewesen(en)« (SB 204) Menschen. Dies vergrößert die Distanz der Szene zur bisherigen Geschichte.

Da der große Stein angeblich von einem Unwetter fortgerissen worden ist, bleibt keine greifbare Erinnerung – keine Reliquie im weiteren Sinne – an Elias zurück; allein in Elsbeths Andenken und ihren Schilderungen lebt er fort. Aber mit Cosmas wird auch die letzte Erinnerung an Elias sterben, was bezüglich der Legendenhaftigkeit des Romans natürlich bedeutet, daß das für eine Legende wesentliche Element der Verehrung gänzlich fehlt.

Bereits in Elsbeths Erzählung, die doch aus erster Hand stammt, überlebt allein das Zauberhafte und Geheimnisvolle. Elsbeth erzählt ihren Kindern nicht eine wahre Geschichte, sondern »ein Märchen« (SB 203). Es sind wohl drei Phänomene, welche die Person des Johannes Elias Alder umranken und die Elsbeth zum Begriff »Märchen« greifen lassen, nämlich die gelben Augen, das wunderschöne Orgelspiel und sein spurloses Verschwinden. Tatsächlich sind dies märchenhafte Elemente, und vielleicht scheint dieser Begriff zunächst passend angesichts der wundersamen Begebenheiten in der Vita des Elias. Festzuhalten bleibt indes, daß Elsbeth ihrer Geschichte das Märchenhafte in gewisser Weise wieder nimmt, indem sie sich selbst als Zeugin einbringt. Somit legt sie zeitlich-räumliche Grenzen fest, läßt Wahrscheinlichkeit an die Stelle von Phantasie treten.

5 Die Geschichte eines genialen Musikers

Im Anschluß an das zuvor Geäußerte ist festzuhalten, daß Elias' Vita nicht nur von Ähnlichkeiten mit Heiligenleben, sondern von stellenweise geradezu messianischen Zügen geprägt ist. Besonders auffällig ist hierbei die kurze »Predigt«, welche Elias Peter hält (SB 118). Sie weist in Tonfall und Wortwahl offenkundige Entsprechungen mit Worten Jesu im Evangelium auf, so etwa Mt 25,13 oder Mk 9,42. Auch ist der Name von Elias' Ziehvater sicherlich nicht zufällig Josef. Überdies ist Peters letztliche Wandlung zum Guten, seine Erlösung vom Haß, direkt auf das Erleben von Elias' Tod zurückzuführen.

Doch vergleicht man die eingangs beschriebenen Definitionen und Ergebnisse zum Themenkomplex »Legende« mit den Details der Vita von Johannes Elias Alder, zeigt sich, daß es falsch wäre, *Schlafes Bruder* mit einer Heiligenlegende im strengeren Sinne gleich- oder parallelzusetzen. Ein Wunder an zentraler Stelle, eine außergewöhnliche Begabung in Verbindung mit geheimnisvollen körperlichen Veränderungen und außerdem die eindringliche, sogar sichtbare Gegenwart Gottes – all das reicht nicht für eine solche gattungsspezifische Einordnung aus. Zwar finden sich durchweg biblische Bezüge, Anklänge an Heiligenlegenden und Mirakelerzählungen, zwar nennt Elsbeth die Lebensgeschichte des Elias ein Märchen; eine konsequente Linie, der einen oder anderen Gattung entsprechend, ist jedoch nirgends zu finden – es bleibt bei einem ironischen Spiel mit Versatzstücken, einer Vermengung von Andeutungen, religiösen Topoi und hagiographischen Anspielungen. Die vielfach im Roman geschilderte Art der Heiligenverehrung und Religionsausübung konkretisiert und ironisiert das Gottesbild der Dorfbewohner, außerdem dienen die angeführten re-

ligiösen Fragmente einer Steigerung der sakralen Begleit-
musik des Opus. Das Religiöse ist nur vordergründig, im
Kern geht es um das Schicksal eines Menschen, der an
seiner Umgebung zerbrechen *muß*.

Selbst die Bezeichnung »Legenden-Parodie« wäre
falsch, denn von den ironischen Momenten des Romans
abgesehen, bleibt das grundsätzliche – und dem Inhalt sicherlich angemessene – Pathos unparodiert. Eher schränkt
der Erzähler in kurzen Anmerkungen die phantastischen
Momente ein, so schreibt er die Kindeserscheinung even-
tuell Elias' »grell halluzinierende(m) Geist« (SB 145) zu.

Eine Einordnung in eine spezielle Gattung wie die Legende oder eine ihr ähnliche Kategorie erübrigt sich also.
Schlafes Bruder ist ein Roman, der mit Gott, seinen Heiligen und der Religion auf mal ironische, mal pathetische
Weise spielt. In erster Linie ist es aber die Geschichte eines Musikers, der an der Beschränktheit seiner Umgebung und der Tragik seiner unerfüllten Liebe scheitert –
was der Erzähler dem Leser bereits auf der ersten Seite
des Buches verrät.

Originalbeitrag

URSULA EDINGER

Schlafes Bruder in der Kritik des Auslandes

Durch eine Auswahl der Literaturkritiken aus dem europäischen Ausland soll im folgenden ein Vergleich zu
deutschsprachigen Rezensionen ermöglicht werden. Der
Roman ist bereits in bald zwanzig ausländischen Sprachen erschienen; weitere fremdsprachige Ausgaben sind
in Vorbereitung. Mit den ausgewählten Rezensionen aus

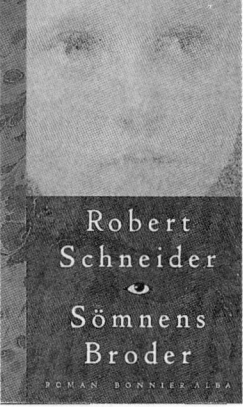
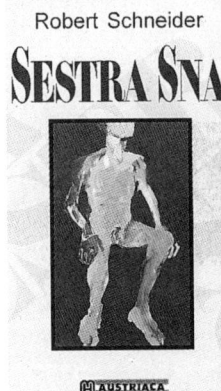

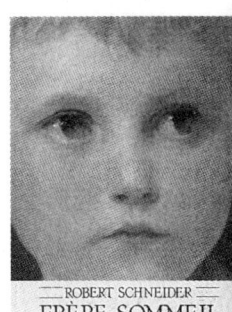

Fremdsprachige Ausgaben von »Schlafes Bruder« (Auswahl)

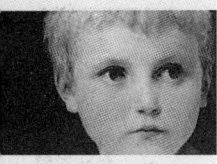

ROBERT SCHNEIDER

SØVNENS BROR

Roman

Historien om musike-
ren Johannes Elias Al-
der, der døde som 22-
årig efter at have be-
sluttet aldrig mere at
ville sove.

Samleren

ROBERT
SCHNEIDER
*LE VOCI
DEL MONDO*

ROMANZO

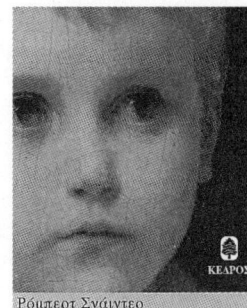

ΚΕΔΡΟΣ

Ρόμπερτ Σνάιντερ
Ο αδελφός του ύπνου

Αυτή εδώ είναι η ιστορία του μουσικού Γιοχάνες Ελίας Άλντερ που στα εί-
κοσι δύο του χρόνια έβαλε τέρμα στη ζωή του, αποφασίζοντας να μην ξα-
ναχοιμηθεί αυτό ποτέ. Γιατί είχε τελειώσει στη φωτιά της αγάπης για την ξα-
δέλφη του Έλσμπετ...

Μυθιστόρημα   Μετάφραση: Μαρία Αγγελίδου

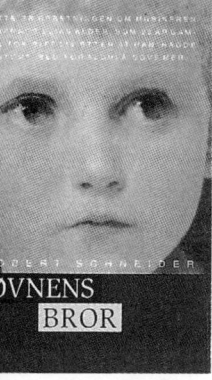

...VNENS
BROR

Robert Schneider
HERMANA DEL SUEÑO

colección andanzas

TUSQUETS

Wie liefheeft slaapt niet
door ROBERT SCHNEIDER

*Dit is het verhaal van de musicus Johannes
Elias Alder, die zichzelf op tweeëntwin-
tigjarige leeftijd doodde nadat hij eenmaal
had besloten niet meer te slapen.*

den Ländern Schweden, Italien, Frankreich und Spanien wird versucht, einen Querschnitt europäischer Literaturkritik von *Schlafes Bruder* aufzuzeigen. Leider liegen bisher keine Rezensionen eines osteuropäischen Landes vor.

1 Sprache und Musik

Ein zentrales Thema in den Literaturkritiken über Robert Schneiders Debütroman ist die Sprache, die historisch gefärbt, mit Dialektausdrücken durchsetzt ist und teilweise neu erfunden wurde. Die Übersetzer des Romans mußten sich dieser besonderen Problematik stellen und wurden in den ausländischen Rezensionen gerade deswegen immer wieder gelobt.

In Schweden ist die Übersetzung *Sömnens broder* (= Schlafes Bruder) identisch mit dem deutschen Titel des Romans. Mit viel Ehrfurcht wird die musikalische Grundlage des Werkes bewertet: »Man müßte vielleicht ausgebildeter Organist oder Komponist sein, um alle Nuancen mitzubekommen (...)«.[1] Die Musik habe in dem Roman eine Doppelfunktion, denn sie veranschauliche das Leben von Elias und sei zugleich sein Schicksal. Das Leiden des Protagonisten aufgrund seiner unerfüllten Liebe würde in eine bewegende Aufführung vor sachkundiger Jury und Öffentlichkeit transzendiert werden, schreibt Synnöve Clason im »Svenska Dagbladet«.[2] Er meint damit den Orgelvortrag des Elias, der von Eric Andersson als dramatisches Crescendo des Romans beschrieben wurde.[3] Mikael Ankarvik fühlt sich durch den Protagonisten Elias an Mozart erinnert. Heute wird der Wiener Komponist mit einer ganzen Industrie von

1 Übersetzung aus der Rezension von Clas Thor: Världen som undflyende kärlek och hopplöst hopp. In: Nerikes Allehande – Nerikes, 11. 9. 93.

2 Synnöve Clason: Snillet som gava – och plagoris. In: Svenska Dagbladet, 1. 3. 94.

3 Eric Andersson: Den som sover älskar icke. In: Göteborgs-Posten, 11. 9. 93.

Pralinenschachteln und Sahnebonbons mit seinem Portrait in Verbindung gebracht, aber zu seinen Lebzeiten konnte er seine Familie nicht ernähren, und er wurde in einem anonymen Massengrab beerdigt. Das Kapitel »Das Orgelfest« (SB 168 ff.) vergleicht Ankarvik mit Mozarts Erfolg in Prag im Jahre 1787. Ankarvik lobt die Virtuosität des Autors, »voll von sprachlicher Musikalität und Tiefe«.[4]

Miguel Angel Trenas schreibt in »La Vanguardia«[5] über die phantastische Sprache Robert Schneiders. Der Autor habe in einem Interview mit dem Rezensenten bestätigt, daß sein Buch sehr schwer zu übersetzen sei. Die ausländischen Ausgaben des Romans vermitteln die Geschichte, sie können aber nur unzureichend zeigen, wie Robert Schneider mit der Sprache experimentiert. Der spanische Titel *Hermana del sueno* (= Schwester des Traums) inspiriert zunächst nicht zu einem Vergleich mit der Textzeile »*Komm, o Tod, du Schlafes Bruder*« aus der Bachkantate *Ich will den Kreuzstab gerne tragen* (BWV 56).

Der Titel *Frère sommeil* (= Bruder Schlaf), der in der französischen Übersetzung wieder auf die Kantate verweist, führt in einer Rezension zu einer anderen Parallele aus der Musik. Dominique Durand vergleicht den Roman mit einer außerordentlichen Komposition einer Bachschen Fuge.[6] In »Libération« vergleicht Gérard Meudal die Schreibweise Robert Schneiders mit der Technik von Arvo Pärt.[7] Die Überschrift der Rezension

---

4 Übersetzung aus der Rezension von Mikael Ankarvik: Om att leva eller dö. Lysande österrikisk debutbok pa känt tema. In: Norra Skane, 12. 7. 93.

5 Miguel Angel Trenas: Schneider: El remedio a la crisis de la novela es escribir buenas novelas. In: La Vanguardia, 14. 2. 94.

6 Dominique Durand: Harmonia Immundi. In: Le Canard Enchaîné, 9. 3. 94.

7 Gérard Meudal: Les souffrances du jeune Alder. L'enfant génial au regard jaune cesse de dormir à en mourir: »Frère sommeil«, de l'Autrichien Robert Schneider, construit comme une partition musicale. In: Libération, 10. 2. 94.

von Ruth Valentini in »Le nouvel observateur« mit dem Titel *La rhapsodie du muet*[8] weist darauf hin, daß hier keine feste Struktur auszumachen ist, sondern freie, rhapsodische Formen vorliegen.

Die Komposition des Romans mit Wiederholungen, Brüchen und Umkehrungen zeugt von dem musikalischen Können des Autors, der mit dem Protagonisten Elias viele Gemeinsamkeiten erkennen läßt.

2 Typisierung des Protagonisten Elias

Die Stärke des Romans bestehe in der Haltung des Elias', der weder sich selbst als ein romantisches Naturgenie sieht noch von der Flucht träumt. Er verfolge nur eins, seinen Traum, Elsbeth heiraten zu dürfen, und ziehe somit die Liebe der Kunst vor. Anders Nilsson kritisiert, daß Elias nicht in die großartigen Beschreibungen dieser romantischen Welt passe, die dem Autor vertraut sei, die aber Elias nicht kennen kann.[9] Claude Arnaud empfindet Elias als eine Figur, die ein göttliches Herz in der Brust eines Gnoms habe, eine Genialität von Brahms unter der Stirn von Kaspar Hauser.[10] Der öffentliche Erfolg in der Musik kann Elias nicht über seinen Kummer mit Elsbeth trösten, damit wird deutlich, daß die Liebe über allem steht, auch über der Musik. Elias zeigt sich trotz aller Fehlschläge und Feindseligkeiten der Dorfbewohner tolerant im Umgang mit seinen Mitmenschen, er hat keinen Haß. In einem Interview der »Libération« sagte Robert Schneider: »Ich hasse die Österreicher nicht (...). Nicht alle Österreicher sind Nazis. Ich liebe Österreich sehr. Ich kenne die dortigen Probleme und Leiden, aber der Haß ist nicht mein Problem.«[11] Diese

8   Ruth Valentini: La rhapsodie du muet. In: Le Nouvel Observateur, 12. 2. 94.
9   Anders Nilsson: Underbarnet Elias. In: Nordvästra Skanes Tidningar, 11. 9. 93.
10 Claude Arnaud: Le gnome terrassé par l'amour. In: Le Point, 16. 4. 94.
11 Übersetzung aus der Rezension von Gérard Meudal, s. Anm. 7.

Attitüde gebe dem Roman eine einzigartige Tonalität. Elias' Unglück entstehe nicht durch die Feindseligkeit der Dorfbewohner, sondern durch die göttliche Ungerechtigkeit, die über allem stehe. Auch Ruth Valentini vergleicht den Protagonisten Elias mit dem Autor Robert Schneider, der zunächst Komponist werden wollte und sich aber in dem, was man zeitgenössische Musik nennt, nicht habe ausdrücken können.

3 Erzählhaltung und Struktur des Romans

Die komplizierte Struktur des Romans mit den bereits angedeuteten Brüchen und Gegensetzlichkeiten führte in der Bewertung der Rezensenten zu unterschiedlichsten Vergleichen mit musikalischen Kompositionen. Die Frage nach der Struktur des Romans wurde bereits im ersten Kapitel zur Sprache und Musik angesprochen. Das Thema der Musik »intonierte« bei den Rezensenten häufig die Suche nach musikanalogen Strukturen, die in *Schlafes Bruder* nachvollziehbar seien.

Die Erzählung fließe dahin wie eine komplexe musikalische Improvisation, der Schwall der Wörter und der Musik klinge volltönig, resümiert der schwedische Rezensent Henrik Sjögren.[12] Die Entwicklung des Romans wird von Nathalie Crom in der Zeitung »Dimanche« als ein unglaubliches Crescendo beschrieben.[13] Clas Thor wirft die Frage auf, ob man den Roman auch verstehen könne, wenn man sich nicht als musikalisch bezeichnen kann. Er beantwortet diese Frage mit einem Lob an den Autor, dem es gelinge, seine Kenntnisse als Komponist in die Form der Prosa zu übertragen.

Robert Schneider habe in seinem Roman zwei erzählende Stimmen decken wollen. Carlos Ortega nennt diese beiden Stimmen in Anlehnung an Walter Benja-

12 Henrik Sjögren: Stjärnskott fran Vorarlberg. In: Arbetet, 2. 7. 93.
13 Nathalie Crom: La magie du conte. In: Dimanche, 27./28. 2. 94.

min (*Der Erzähler*)[14] einmal die Stimme des »Bauern«, der seßhaft bleiben wolle, und andererseits die Stimme des »Matrosen«, der das Abenteuer verkörpere, wo es keinen Platz für das Gewohnte gibt. Schneider erzähle eine Geschichte, die weder phantastisch noch realistisch, weder ernst noch humoristisch und doch alles in einem sein möchte. Gefangen in der Magie der Ereignisse, wird der Erzähler oft ironisch, er wende sich dem Leser zu, als Freund und Komplize.[15]

Marcel Schneider, ein Rezensent von »Le Figaro«, lobt Robert Schneiders Erzählkunst, sie sei von grauenvollem und übertriebenem Barock, aufgewirbelt durch den Zauber der Phantasie; in diesem Zusammenhang wird auch die exakte Übersetzung des Romans von Claude Porcell besonders hervorgehoben.[16] Postmodern und neoromantisch beschreibt Simona Maccari den Stil Robert Schneiders, aber festlegen könne man ihn nicht.[17]

Was liegt hier vor, ein Roman, eine Erzählung, ein Märchen? Die Überschrift einer französischen Rezension »La magie du conte« kann sowohl als »Magie des Märchens« als auch als »Magie der Erzählung« übersetzt werden. Handelt es sich hier um eine »Erzählung, die der Verlag stur Roman nennt«[18], oder enthält das Werk verschiedene Elemente der genannten Gattungen? Wenn man versucht, diese Frage zu klären, bestätigen sich nur die Widersprüche. Liest man beispielsweise *Schlafes Bru-*

14 S. dazu die Auseinandersetzung Walter Benjamins mit dem Werk Nikolai Leskows: Walter Benjamin: Der Erzähler. Betrachtungen zum Werk Nikolai Leskows. In: W. B.: Illuminationen. Ausgewählte Schriften. Hrsg. von Siegfried Unseld. Frankfurt/Main: Suhrkamp, 1977. S. 409–436.

15 Carlos Ortega: Robert Schneider: El drama del novel. In: Critica, 15. 2. 94.

16 Marcel Schneider: Robert Schneider: Un conte de la folie exemplaire. In: Le Figaro, 8. 4. 94.

17 Simona Maccari: Schneider, l'importanza di essere barocco in un'epoca di imperante minimalismo. In: Il Manifesto, 23. 6. 94.

18 Zitiert aus: Svenska Dagbladet, s. Anm. 2.

der als Märchen, werden die irrationalen Begebenheiten verständlich, aber die naturalistischen Milieuschilderungen gehören nicht zu den Elementen eines Märchens. Die Entfaltung eines Erzählstoffes wird irritiert durch das Unwirkliche, beispielsweise die Mutation der Augen (SB 39), und sie entfaltet sich durch den umfassend angelegten und weitausgesponnenen Zusammenhang zu einem Roman. Daher kann festgehalten werden, daß es sich hier um eine Kombination der drei genannten Formen handelt.

4 Literarische Vorbilder

In jeder Rezension wurde abschließend nach literarischen Vorgaben gesucht. Es fällt auf, daß sowohl die deutschen als auch die hier bewerteten ausländischen Rezensenten selten über ihre Landesgrenzen hinausgingen und literarische Vorbilder immer im eigenen Sprachraum suchten. In den spanischen Literaturkritiken konzentrierte man sich schließlich auf den *einen* großen ›spanischen‹ Autor Gabriel García Márquez. Der Stil des »magischen Realismus«, welcher von den südamerikanischen Autoren, im speziellen von Gabriel García Márquez entwickelt wurde, entspreche dem Stil von Robert Schneider. Seine Virtuosität liege im Wunder einer geschickten Imagination, in einer perfekten Inszenierung, in der Kraft seiner Darsteller und außerdem in einer anmutigen Lösung der aufgestellten Situationen. Die Erzählformel des »magischen Realismus« bestehe aus der Synthese von imaginärer Prahlerei und naturalistischem Realismus. Joaquin Marco konstatiert in der großen spanischen Literaturzeitung »ABC«[19], daß der Autor wisse, wie man die Macht des Wunders übermittelt, denn seine suggestive und reale Welt bleiben nicht fern der Poesie, die mit schöpferischer Freiheit ihre eigenen Gesetze für sich beanspruche.

19 Joaquin Marco: La hermana del sueno. In: ABC, 11. 2. 94.

Die schwedischen Rezensenten fühlen sich von Schneiders Erzählmethode an Selma Lagerlöfs *Gösta Berling* erinnert. Denn auch dort würde der Leser zurückgeführt in eine vergangene Vorstellungswelt, voller Abgeschiedenheit und katholischer Beherrschung der Sinne. Anders Nilsson erwähnt Hans Christian Andersen, dessen Literatur voller Naturkinder sei, die einsam gegen die Welt kämpfen. In dem Namen des Dorfes »Eschberg« glaubt Mikael Ankarvik, die Atmosphäre aus Hermann Brochs Roman *Esch oder die Anarchie* aus dessen Romantrilogie *Die Schlafwandler* zu erkennen, denn auch Broch schildere die Engstirnigkeit, die Verwirrung und Degeneration eines Volks. Darüber hinaus erinnere der Protagonist Elias an Oskar Matzerath aus der *Blechtrommel* von Günter Grass und an den Gnom aus Patrick Süskinds *Parfum*. Den Vergleich mit Oskar Matzerath stellt auch die französische Rezensentin Dominique Durand auf und erinnert den Leser an dessen gläserne Stimme, auch Süskinds *Parfum* wird in den französischen Rezensionen genannt, und die Komposition des Romans erlaube hier einen Vergleich mit dem Schriftsteller Hans Henny Jahnn. Über einem althergebrachten Modell ruhe eine ganz moderne Ironie, der Autor verwandle die Leiden des jungen Alder in eine wahre Leidenspassion.

Eine Ausnahme bilden die italienischen Rezensenten, die vorwiegend nach deutschsprachigen literarischen Vorbildern suchen. Elias Alder wird in *Il Manifesto* verglichen mit der Genialität eines Glenn Gould in Thomas Bernhards *Untergeher* sowie mit Adrian Leverkühn aus *Doktor Faustus* von Thomas Mann, dem Gnom aus Süskinds *Parfum* und Oskar Matzerath aus der *Blechtrommel*. Die Atmosphäre des Dorfes Eschberg stehe in der Tradition der Brüder Grimm.[20] Das Erzählen im Stile des »magischen Realismus«, der von den südamerikanischen Autoren entwickelt wurde,

---

20 Luigi Forte: Tutti i Battiti del mondo. In: La Stampa, 18.6.94.

wird auch von den italienischen Rezensenten mit der Feststellung, dieser sei bis zu dem Werk von Robert Schneider in Europa nie verwirklicht worden, wieder aufgegriffen.

5 Bewertung und Botschaft

Zwei Monate nach dem Erscheinen des Romans von Robert Schneider im Jahre 1992 war das Werk gleich zwanzigtausendmal verkauft, und das Resümee der Literaturkritiker lautete überall: eine aufsehenerregende Neuerscheinung. Ein Jahr später wurde bereits die fünfte Auflage verlegt, und der Roman erschien gleichzeitig erstmalig im Ausland.

Ein Brief von Elias Canetti an Robert Schneider wurde in der italienischen Zeitung »La Repubblica« auszugsweise abgedruckt. Canetti schreibt:

> »Ich habe das Buch mit Staunen und Freude gelesen. Daß einer, der Passion und Geist genug hat, allen Einschüchterungsversuchen modischer Narren zum Trotz, erzählen muß, hat man sehr gehofft, es geschah immer seltener. Nun erfahren Sie (Robert Schneider, Anm. d. Verf.) auch, wie sehr man es braucht, wie sehr Menschen danach gedürstet haben.«[21]

Elena Agazzi kritisiert in »Il Giorno«, daß die große Liebe so tragisch enden muß. Daß die Sehnsucht keine Erfüllung findet, ist eine Sache, aber daß gleich der Tod folgt, empfindet die Rezensentin als eine zu pessimistische Haltung gegenüber dem Leben.[22]

»Robert Schneiders Werk hat die Wirksamkeit einer Legende«, schreibt Hugo Marsan in der Zeitung »Le Monde«.[23] Ausgehend von einer althergebrachten Be-

---

21 Übersetzung aus der Rezension von Enrico Regazzoni: La sorella del sonno. In: La Repubblica, 11. 6. 94.
22 Elena Agazzi: Bach, la mia voce di dentro. In: Il Giorno, 21. 6. 94.
23 Übersetzung aus der Rezension von Hugo Marsan: Le dernier des monstres. Le premier roman de l'Autrichien Robert Schneider renoue avec la tradition populaire. In: Le Monde, 11. 2. 94.

sessenheit, habe Schneider einen unglaublichen und grausamen Roman geschrieben. Robert Schneider drehe »scheinbar« seiner Epoche den Rücken zu und habe, befreit von dieser Verantwortung, mit Feingefühl die Abgründe beschrieben, die die Menschen trennen. Über dem Tod des zweiundzwanzigjährigen Elias, der erschöpft vor enttäuschter Hoffnung stirbt, steht die Frage, ob sein Tod ungerecht sei. Das Märchen sei verraten durch die Realität. Claude Arnaud verspricht diesem fremdsprachigen Buch eine große Chance. Der Roman hatte im Verlag Vorrang wie ein Star auf Tournee, und nun erwarte man von dem Autor des Debütromans weitere Erfolge. »Le Figaro« nennt Robert Schneiders Roman eine Erzählung von beispielhaftem Wahnsinn. Der Debütautor habe einen außerordentlichen Roman mit einer Menge rauher Emotionen geschrieben.

Nathalie Crom schreibt in »Dimanche«, daß Robert Schneider eine unerhörte Kühnheit habe, er erzähle eine Geschichte mit Realismus, Tragik und Naivität. Es gehe um das Ringen des Überlebens. Die Magie des Märchens – »le conte« kann, wie bereits erwähnt, mit »Märchen« oder »Erzählung« übersetzt werden – bestehe manchmal gerade in der Freiheit, die der Autor jedem Leser läßt, sich seine eigene Moral auszusuchen.

Anders Nilsson kritisiert, daß die Beschreibungen zwar schön seien, aber sie verhinderten einen Zusammenhang, eine vollendete Gestaltung der Gefühle, es fehle das Resultat. Robert Schneider breite seine Begabung in der Kunst des Erzählens wie auf einem Marktstand in diesem Erstlingswerk aus. Es sei nicht gerade die kleinste Sehnsucht des Autors, alle Fähigkeiten, die er beherrscht, auf diesem Marktstand zu präsentieren. Carlos Ortega verweist auf die Gefahr, daß diese Fähigkeiten in bestimmten Sequenzen den Eindruck einer Ware vermitteln, die zum Verkauf ausgestellt ist, und er schließt seinen Artikel mit der These, daß Robert Schneider, da er jetzt befreit ist von seiner Verpflichtung, literarische Solvenz zu zeigen, die glorreichen und fesselnden Seiten anbietet, die das Erstlingswerk verspricht.

6 Resümee mit einem »kritischen Blick« auf die ausgewählten Rezensionen

In allen ausländischen Literaturkritiken, die hier zur Bewertung herangezogen wurden, wird die Leistung des Übersetzers besonders hervorgehoben, obwohl dieser – nach Aussage von Robert Schneider[24] – nur die Geschichte vermitteln könne, da die Experimente im Gebrauch der Sprache, die Dialektausdrücke und die erfundenen Wörter nur im Deutschen in dieser Weise möglich seien.

Der »magische Realismus«, den die spanischen Rezensenten immer wieder zu erkennen meinen, zeugt von der Übermacht des kolumbianischen Autors Gabriel García Márquez. Leider befindet sich in den begeisterten und mit viel Lob für Robert Schneider versehenen Rezensionen, wie bereits dargelegt, selten eine Überquerung der Landesgrenzen. Die Phantasie des Autors, sein »Fabulieren« und die Leidenschaft des Protagonisten in seiner Hinwendung zur Musik und zur Liebe werden in den spanischen Rezensionen als die Qualität des Buches bezeichnet.

Hervorzuheben ist, daß die französischen Rezensionen auf einer sehr großen musikwissenschaftlichen Kenntnis basieren. Gegenüber den eher undifferenzierten Lobeshymnen der spanischen und italienischen Kritiker liefern die französischen Rezensionen umfangreiche, nützliche Hinweise zu der musikalischen Komposition und der thematischen Grundlage des Buches, dessen Titel aus der Bachschen Kantate entnommen ist. Die positive Bewertung von *Schlafes Bruder* durch einen Autor wie Elias Canetti wurde besonders von den italienischen Kritikern als Anlaß genommen, sich diesem Lob anzuschließen.[25] Es fällt auf, wie sehr sich Rezensenten in ihrem Urteil anein-

---

24 Aus einem Interview mit Miguel Angel Trenas (s. Anm. 5).
25 »*L'autore, un esordiente, ha avuto gli elogi anche dal grande Elias Canetti.*« Zit. aus: Marino Freschi: Robert Schneider, un bestseller tutto tinto di verde. In: Il Messaggero, 24. 6. 94.

ander orientieren und sich besonders in der Suche nach literarischen Vorbildern des Romans gegenseitig beeinflussen ließen.

Die Gefahr einer Fehlinterpretation in der Literaturkritik soll an einem »beispielhaften Fehler« aufgezeigt werden: Michael Meinhard befaßte sich in seiner Rezension in der »Leipziger Volkszeitung«[26] ausführlich mit dem im Roman vorangestellten Zitat: »Pascales Herzschlagen«. Der Rezensent meinte, mit diesem »Motto« den Hinweis auf den französischen Philosophen und Mathematiker Blaise Pascal zu entdecken. Das kleine »e« in »Pascales Herzschlagen« hat der Rezensent in seiner eilfertigen Antwort übersehen, und er vermutet, daß der Roman den Philosophen Pascal paraphrasiere. Michael Meinhard findet sogar in den Schriften von Pascal den Gedanken, daß man nicht schlafen dürfe. »Das soll Zufall sein?« stellt der Rezensent die berechtigte Frage. Obwohl auch in dieser Kritik der Hinweis des Lektors, daß ein Mädchen mit dem Namen Pascale das reale Vorbild für Elsbeth sei, erwähnt wird, führt Michael Meinhard den Leser auf die falsche Fährte.

In der italienischen Übersetzung von *Schlafes Bruder* steht das Zitat: »Ai battiti del cuore di Pascal«, es fehlt wieder das »e«. Es ist anzunehmen, daß die Assoziation mit dem Philosophen Blaise Pascal schließlich zu diesem Druckfehler in der italienischen Ausgabe führte. Nun hat man das Mädchen Pascale zu einem französischen Philosophen ernannt; erst die Taschenbuchausgabe von 1996 korrigiert diesen Fehler.

Robert Schneider gibt keine Antwort auf die Frage im letzten Kapitel: »Frau Mutter, was meint Liebe?« (SB 204), denn er läßt jedem Leser die Möglichkeit, eine eigene Antwort zu finden. Was Liebe meint, bleibt unbeantwortet, denn die endgültige Antwort auf diese Frage ahnt nur der Liebende.

---

26 Michael Meinhard: Was Liebe meint oder Vita cordis amor est. In: Leipziger Volkszeitung, 18. 9. 92.

Die französischen Rezensenten loben besonders die Freiheit, die der Autor dem Leser läßt, um seine eigene Moral zu finden und das persönliche Fazit für sich selbst zu erkennen. Gerade den offenen Schluß kritisiert der schwedische Rezensent Anders Nilsson, der ein Resultat vermißt. An dieser Stelle sei ein deutschsprachiger Kritiker zitiert: »Am Ende jedoch folgt ein böses Erwachen. Nichts hat Bestand, Erkenntnis stellt sich nicht ein.«[27] Diese Kritik entspricht in fast unangenehmer Weise einem Klischee, das sich in der Gegenüberstellung mit dem Zitat einer französischen Rezensentin deutlich zeigt: »Aber das Bezaubernde des Märchens liegt zeitweilig in der Freiheit, die er (Robert Schneider, Anm. der Verf.) jedem läßt, um sich seine eigene Moral auszusuchen«[28], resümiert Nathalie Crom im »Dimanche«.

Robert Schneider hat in einer ungewöhnlichen Sprache einen außergewöhnlich faszinierenden Roman geschrieben, dessen Erfolg mit einer großen Anerkennung beim Publikum sichtbar wurde. Um die Ursache der Akzeptanz herauszufinden, haben die Rezensenten verschiedene Untersuchungsaspekte (Sprache, Struktur, Erzählhaltung, der Protagonist Elias etc.) analysiert und unterschiedliche Akzente gesetzt. Die Qualität des Romans besteht aus mehreren Aspekten, die in vorliegendem Aufsatz systematisch erfaßt wurden. Dabei wurde deutlich, daß dem Thema der Musik die größte Aufmerksamkeit gewidmet wurde. Die Aussage des Romans dagegen wurde in geringerem Umfang thematisiert, da sie nicht eindeutig faßbar ist. Die Vielfalt der Botschaften in *Schlafes Bruder*, die zugleich als Ursache einer Akzeptanz bei einem so großen Publikum gesehen werden kann, motivierte nur sehr wenige Rezensenten zu einer persönlichen Stellungnahme. Vielfalt in der Botschaft wurde häufig als »zu viel« verstanden und damit als Mangel einer deutlichen Aussage kritisiert.

27 Martin Doerry: Ein Splittern von Knochen. In: Der Spiegel, 23. 11. 1992.
28 Zitiert aus: Dimanche, s. Anm. 13.

Der Roman endet in einem »Diminuendo«, es wird keine Erkenntnis ausgesprochen, die Frage des Kindes bleibt unbeantwortet. Damit schafft der Autor Möglichkeiten für den Leser, eine eigene Antwort zu finden, viele Botschaften aus diesem Roman herauszulesen, und er erlaubt damit einem breiten Publikum, die eigene Moral für sich selbst zu ergründen.

Originalbeitrag

III Rezensionen zum Buch

HERBERT OHRLINGER

Ein Neuer aus Österreich

»Im Jahre 1984 beschloß ich, Schriftsteller zu werden.«
Ganz ohne ironischen Unterton sagt das einer von sich,
so selbstverständlich, als handelte es sich bei diesem Vorhaben um die natürlichste Sache der Welt. Dabei wird
man vergeblich Ausschau halten nach den Fährten, die
dieser Schriftsteller seitdem in die Literaturlandschaft gelegt haben könnte. Weder Artikel noch Verse, ganz zu
schweigen von einer biographischen Notiz, gaben bis vor
kurzem Auskunft über Robert Schneider, dessen soeben
erschienener Roman *Schlafes Bruder* gleichsam aus dem
Stand auf einen Autor mit ganz außergewöhnlicher Begabung aufmerksam macht.

Keinen Gruppen noch Grüppchen zugehörig, hat sich
Robert Schneider, 1961 in Bregenz geboren und bei Götzis in Vorarlberg lebend, auf eine Weise der Literatur verschrieben, die den gängigen Mechanismen des Betriebes
völlig entgegengesetzt ist. Es ist eine Distanz, die bei ihm
nicht maniert, sondern notwendig wirkt, die weder
den abgewandten Einsamen noch den zynischen Groß-
stadtflüchtling stilisiert.

In Wien, wo er von 1981 bis 1984 Komposition und
Theaterwissenschaften studierte, sei er daraufgekom-
men, »daß es egal ist, wo man schreibt«. Und doch empfindet er seine Heimat als Kraftquelle, als »wunderbares
Exil«, das der Anspannung der einsamen Beschäftigung

des Schreibens entgegenwirkt. Robert Schneider leidet nicht darunter. Der »Isolierschemel«, wie Alfred Döblin diese Befindlichkeit genannt hat, wurde ihm über die Jahre nicht zur Folter, eher schon zum Ort der Imagination, von dem aus er ansetzt zu seinen Exkursionen durch Zeit und Phantasie. Prima vista ist man nämlich geneigt, seinen Romanerstling als Poetisierung einer tatsächlichen Existenz zu lesen. Eine Annahme freilich, von der der Autor nichts wissen will. Bei *Schlafes Bruder* handelt es sich mitnichten um einen recherchierten Fall, vielmehr um pure Fiktion. Und wie er diese versteht zu gestalten, das fügt sich vom ersten Satz an zu einem Erlebnis, das einem in der gegenwärtigen Literatur nur in seltenen Glücksmomenten begegnet.

»Das ist die Geschichte des Musikers Johannes Elias Alder, der 22jährig sein Leben zu Tode brachte, nachdem er beschlossen hatte, nicht mehr zu schlafen. Denn er war in unsägliche und darum unglückliche Liebe zu seiner Cousine Elsbeth entbrannt, war seit jener Zeit nicht länger willens, auch nur einen Augenblick lang zu ruhen, bis daß er das Geheimnis der Unmöglichkeit seines Liebens zu Grunde geforscht hätte.« So könnte ein Märchen beginnen, so beginnt Schneiders Roman *Schlafes Bruder*.

Die Fakten, die den Ausgang von Schneiders biographischem Unternehmen vorwegnehmen, bilden gleichsam die Eckpunkte des Erzählgeflechts: Zwischen Künstlerschicksal und unerfüllter Liebe wird hier, leises Grauen erweckend, eine Verbindung geschaffen, die im Wortsinn unerhört bleibt. Verhalten nur klingt ab und zu ein Funken Hoffnung durch die Zeilen, die Auskunft geben über Unterlassungen und Versäumnisse, Teilnahmslosigkeit und Dummheit, kurz über eine Summe von Vergeblichkeiten, die jenem einen widerfahren inmitten seiner zum Scheitern verurteilten Welt.

Denn nichts anderem als einer Versuchsstation der Apokalypse begegnet man im vorarlbergischen Flecken Eschberg, eines in der Hauptsache von zwei sich inzestuös fortsetzenden Familien bevölkerten Bergdorfes, das innerhalb eines Jahrhunderts infolge verheerender Brände von der Landkarte verschwindet. Kein Wunder also, daß bereits das Ungeborene alles daransetzt, dieser Welt zu entkommen, die es, durchaus ungewollt von Zeugung an und allen widrigen Umständen zum Trotz, im Juni 1803 erblickt.

Mit knappen Sätzen und auf engem Raum erzählt Robert Schneider von der unheiligen Herkunft seines Helden, der denkwürdigen Taufe samt ihren nicht minderen Folgen, von kleinen und großen Begebenheiten einer Gemeinschaft, in der Menschlichkeit lediglich als Rest vorkommt, als Nebenprodukt des aufs bloße Überleben ausgerichteten Alltags. Chronist und Biograph zugleich, führt Schneider, Thomas Manns Serenus Zeitblom nicht unähnlich, »das Genie und seine *jedenfalls* dämonisch beeinflußte Natur« vor, den so schrecklichen wie wundersamen Zusammenstoß des fünfjährigen Johannes Elias Alder mit den Elementen.

Am Bachbett der Emmer vollzieht sich das »Wunder des Hörens«, eine Art beschleunigtes Schöpfungserlebnis, das zu psychischen und physischen Erschütterungen führt und das Kind endgültig dem allgemeinen Einverständnis entzieht. »Der kleine Körper fing an, sich zu verändern. Jäh traten die Augäpfel aus ihren Höhlen, ja stülpten sich über die Lider und dehnten sich aus bis unter die Augenbrauen (...) Geräusche, Laute, Klänge und Töne taten sich auf, die er bis dahin in dieser Klarheit noch nie gehört hatte. Elias hörte nicht bloß, er sah das Tönen. Immerfort verpotenzierte sich sein Gehörkreis und wurde immer pitoreskerer Klänge ansichtig.«

Noch etwas spürte der so Heimgesuchte: »Den Herzschlag eines ungeborenen Kindes, eines Fötus, eines weiblichen Menschen ..., der ihm seit Ewigkeit vorbestimmt war.« Dorf und Familie reagieren auf die sichtbar verfrühte Pubeszenz nach dem Muster geschlossener Gesellschaften: Was ihre Vorstellungskraft übersteigt, wird höherer Gewalt, Gottes Fluch zugeschrieben. Dem

Martyrium von Isolation und Zerrüttung entflieht der tragische Held in die Musik, seine phänomenale Begabung.

Robert Schneider erzählt diese abenteuerliche Geschichte mit spielerischer Präzision: mit scheinbar unerschöpflichem Einfallsreichtum versteht er, aus jeder Episode kleine Erzählungen zu gestalten, die aufs natürlichste in den Fluß des Ganzen eingebettet sind. Der Stoff entgleitet ihm ebensowenig wie seine skurrilen Figuren, die, ungeachtet aller Empörung, nie denunziert werden. Wie leicht hätte da ein rustikales Rührstück entstehen können! Allein, Schneider ist dieser Versuchung nicht erlegen. Als leidenschaftlich könnte man seine Schreibhaltung charakterisieren, wobei diese Leidenschaftlichkeit allerdings einem kühlen Kopf entspringt.

Man weiß von Anfang an Bescheid über das Ende, weiß, daß dieser von Gott verlassene Musiker Johannes Elias Alder vergeblich auf einen Fingerzeig der Gnade hofft, und dennoch hält die Spannung. Ja, sie nimmt noch einmal zu und verdichtet sich, indem Schneider bereits gelöste Handlungsstränge erneut verknüpft, zum wahrhaft furiosen Finale.

Nach der endlosen Kette von Demütigungen, die Johannes Elias Alder, diesem »Zerrbild göttlicher Verfehlung« widerfuhren, nach der Hochzeit der einzig herzensverwandten Cousine Elsbeth mit einem anderen, wird er durch Zufall zum alljährlichen Orgelfest in das Städtchen Feldberg eingeladen. Angekündigt als »kurioses Naturtalent«, extemporiert der anfangs belächelte, barfüßige, des Notenlesens unkundige Bauernbub über das Lied »Kömm, o Tod, du Schlafes Bruder«, wie es die versammelten Honoratioren niemals noch vernommen haben.

Und der ausgebildete Musiker Robert Schneider vermag dieses Hörerlebnis in ein Spracherlebnis zu verwandeln, das die Erschütterung seines der Schwarzen Romantik entlehnten Helden auf den Leser überträgt. Verzweiflung und Euphorie finden erneut zu einem

»Wunder des Hörens«, das dieses Mal nicht geschieht, sondern durch das Orgelspiel evoziert wird.

Die Natur wird zur Tonsprache, und Melodie folgt auf Melodie, die wiederum und wie ehedem dem Takt des Herzschlages der unerreichbaren Verwandten gehorchen. »Dergestalt wollte er darlegen, wie man sich gegen den Tod aufzulehnen habe, gegen das Schicksal, ja gegen Gott. Der Tod als jähes Schweigen, als unerträgliche Pause. Und der gedemütigte Mensch, wie er aufschreit im sinnlosen Gebet. Wie er sich das Hemd wegreißt, wie er sich die Haare rauft, wie er irr zu fluchen anhebt, und wie er doch immer zu Boden geworfen wird. Denn alles Aufbegehren nützt nichts. Gott ist ein böses, nabelloses Kind.«

Aber dieses Stück Musik wird von Johannes Elias Alder nicht gespielt, es wird durchlebt; und so gerät ihm zur Gewißheit, was er zuvor geahnt: »Erlösung ist die Erkenntnis der Sinnlosigkeit alles Lebens.« Am Ort seiner furchtbaren Erweckung, am Bett der Emmer, bei einem Stein, der aussah wie die »Fußsohle Gottes«, löscht dieser naive Intellektuelle konsequent sein Leben aus, ein Leben wider das Einverständnis der Zeit. Robert Schneider hat es in einem meisterhaften Roman beschrieben.

Aus: Die Presse, 22. 8. 1992.

HERMANN WALLMANN

Klangwetter, Klangstürme, Klangmeere, Klangwüsten

»Der Leser, der uns zwischenzeitlich bis zu diesem Punkt gefolgt ist, mag sich die Frage vorlegen, weshalb wir uns so ausführlich über den hitzigen Kuraten verbreiten und nicht endlich die Erzählung auf jenes sonderliche Kind hinführen. Er möge sich diese Frage bewahren.«

Auf den ersten Blick eine auktoriale Intervention, wie sie im 18. Jahrhundert gang und gäbe gewesen ist. Aber hier – in dem ersten (!) Roman des 1961 in Bregenz (Vorarlberg) geborenen Robert Schneider – erfolgt sie schon nach 20 von knapp 200 Seiten! Hat der Erzähler Grund zu der Annahme, selbst gutwillige Leser hätten Mühe, ihm zu folgen?

Er hat, und er hat nicht. Es mag eine Zumutung durchaus sein, daß der Roman – nach »Pascales Herzschlagen«, dem Motto, besser: der Inschrift – mit einer Art Vorspiel beginnt, das eine Art Sprichwort (»Wer schläft, liebt nicht«) expliziert, und daß diese Explikation von vornherein die Handlungsspannung kalmiert. Es mag auch eine Zumutung sein, daß er dann einsetzt mit dem »Letzten Kapitel«. Aber es sind Zumutungen, die im Zeitalter des Videoclips bestenfalls ein übernächtigt wehmütiges Mitleid provozieren. Insofern kann der Erzähler unbesorgt sein.

Und doch, *so* grundlos ist seine Befürchtung nicht. Die Zumutung, die Robert Schneider riskiert, ist keine der Struktur, sondern eine der Sprache, eine (linguistisch gesprochen:) des »Registers«, für das er sich entscheidet und das er mit unbeirrbarer Sicherheit »durchhält«.

Auf *Schlafes Bruder* trifft zu, was vor vier Jahren Peter Handke über die wundersamen Erzählungen von Johannes Moy (geb. 1903) gesagt hat: »(Sie) scheinen zunächst aus einer anderen Zeit zu kommen, sowohl in ihren Themen als auch in ihrer Sprache. (...) Und die Geste der Sätze ist dann, noch deutlicher vielleicht als die eines Chronisten, die eines Gedenkenden: eine höchst eigentümliche (...) Einheit zwischen Abstandhalten und herzlicher Anteilnahme.« Johannes Moys *Kugelspiel* (1988) mit seinen lebensfernen Sonderlingen muß 1940, als es das erste Mal erschien, so (beinah selbstmörderisch) »fremd« gewesen sein, wie es heute »die Geschichte des Musikers Johannes Elias Alder« wäre, »der 22jährig sein Leben zu Tode brachte, nachdem er beschlossen hatte, nicht mehr zu

144

schlafen« – wäre, ohne die postmoderne Zerstreutheit des Betriebs ...

Robert Schneiders anfangs zitierter Erzählerkommentar ist so illusionslos wie selbstbewußt, aber die Wendung, mit der er ihn abschließt, verdient einen zweiten Blick. Seine Frage solle der Leser nicht etwa vertagen oder aufsparen, sondern *bewahren*, also wie eine Haltung, eine Einstellung, eine Naivität, eine Ungeduld, eine Utopie. Das aber nicht in Anbetracht eines Gegenstandes, sondern eines erzählerischen Verfahrens!

Unmittelbar vor dem letzten Kapitel, das zurückblendet in die Kindheit Cosmas', der im bereits genannten »letzten« Kapitel des Romaneinstiegs als Letzter des Alder-Geschlechts »stirbt«, wendet sich Robert Schneiders Erzähler ein weiteres Mal an den Leser: »Wir ersparen (ihm), der uns ein guter Freund geworden ist, er wäre unmöglich bis an diesen Punkt des Buches vorgedrungen –, die Einzelheiten der Auslöschung des Dorfes Eschberg.« (Eschberg ist der Schauplatz der Erzählung, der 1912, mit Cosmas' Hungertod, von der Natur wieder »zurückgeholt« worden sei: Schneiders Roman kann auch als ein Gedankenspiel gelesen werden über ein Dorf, das es nie gegeben hat, oder über »diese unbekannten, diese geborenen und doch zeitlebens ungeborenen Menschen«.)

Auch der letzte Erzählerkommentar weist eine Pointe auf, die einer bildungsbürgerlichen Assoziation entgehen mag, der Assoziation etwa an den Herausgeberbericht in Goethes *Werther*, wo der Gewißheit Ausdruck gegeben wird, der Leser werde Werthers »Geiste und seinem Charakter (...) Bewunderung und Liebe seinem Schicksale (...) nicht versagen«. Schneiders Erzähler indes baut darauf, daß der Leser *ihm* (der ja nur qua Erzählen existiert und also für die Methode steht!) freund geworden ist – und kann es tun mit Fug und Recht! Denn er hat nicht nur eine unerhörte Begebenheit erzählt, er hat sie auch unerhört vorgetragen, im Tonfall wie in der Komposition!

Der Erzählkern ist leicht zu umreißen. Einem fünfjährigen Knaben wird ein exorbitantes »Hörwunder«
zuteil: »vom bloßen Klang der niedergehenden Schneeflocken« wird er wach, er vernimmt das »Dröhnen der
Gedanken«, hört das ganze Universum – und schließlich: »das weiche Herzschlagen eines ungeborenen Kindes«, (...) jenes Menschen, der ihm seit Ewigkeit vorbestimmt war«. Aber die Geliebte bleibt unerreichbar,
selbst dann, als Johannes Elias Alder zum (unausgebil-
deten) Musikgenie wird. Nach seinem ekstatischen Orgelvortrag zuletzt der Bachschen »*Kreuzstabkantate*«, aus
deren Schlußstrophe (von Johann Ranck) der Titel des
Romans stammt, weiß er plötzlich, warum Elsbeth sich
ihm versagt hat:

»Wie, bebte es aus seinem Mund, könne ein Mann
reinen Herzens behaupten, er liebe sein Weib ein Leben
lang, tue dies aber nur des Tags und dort vielleicht nur
über die Dauer eines Gedankens? Das könne nicht von
Wahrheit zeugen. Denn im Schlaf (...) liebt man nicht.
Man befinde sich in einem Zustand des Totseins, weshalb Tod und Schlaf nicht aus dem Ungefähr Brüder genannt würden. (...) Er habe darum beschlossen, sein Leben wach und neu zu leben. Und dieses wache, neue
Leben werde ihm die Liebe Elsbeths einbringen und die
Gewißheit der ewigen Seligkeit im Himmel.

Was sich in dieser Kompilation wie das Exposé eines
Romans in der Nachfolge südamerikanischer Phantastik
anhört, ist in der narrativen Durchführung – in der Mo-
tiv-Verknüpfung, der epischen Integration auch des
dramaturgisch »Zweckfreien«, der beweglichen Propor-
tionierung – von einer Sicherheit, die auf eine äußerst
musikalische Kompetenz des Autors schließen läßt,
eine, die sich, unverfroren und also kollegial, an Bach
mißt!

»Abstandhalten und herzliche Anteilnahme« – Peter
Handkes Attribute für die Erzählungen Johannes Moys –
beziehen sich bei Robert Schneider nicht nur auf die In-
tention, das gleichsam zwischenmenschliche Verhältnis

146

zwischen dem Erzähler und seinen Figuren, sondern auch auf das »Spiel«. Als Johannes Elias Alder an der Orgel zu Feldberg so erschütternd brilliert, überträgt sich die Begeisterung des Publikums »nachträglich« auf den Erzähler, der nicht umhin kann, eine anaphorische Klimax zu entwickeln: »Die Natur wurde Musik«, »Der Schein des ersten Feuers wurde Musik«, »Die nächtliche Episode wurde Musik«, »Und Elsbeth wurde Musik«. Genauso (fast genauso), wie Robert Schneiders »Leben Alders« – *Sprache* wird. Und in dieser altfordernd unbotmäßigen Kunstfertigkeit, mit der im philosophischen Subtext eine lapidar vorausgesetzte negative Theologie korrespondiert, kann er sich es sogar leisten, seine Geschichte nicht nur schon im Vorspann vorwegzunehmen, er kann sie auch, gegen Schluß, ein zweites Mal »erzählen«, transportiert in die Musik seines Protagonisten. Und, auf der letzten Seite des Buches, ein drittes Mal: als »Märchen«, gelegt in den Mund Elsbeths, die ihren Kindern – darunter Cosmas – von dem geheimnisvollen Mann erzählt, in den niemand habe hineinblicken können und der spurlos verschwunden sei, weil er in Eschberg die Liebe nicht habe finden können. (»Frau Mutter, was meint Liebe?« heißt dieses letzte Kapitel, dessen Überschrift die ganz andere Frage »Was ist Aufklärung?« verschmitzt und melancholisch aufhebt.)

Für Robert Schneiders Erzähler wäre es »vertane Zeit« gewesen, die Geschichte der Eschberger Bauern zu schreiben, heißt es im dritten Kapitel, »hätte nicht zu Beginn des 19. Jahrhunderts das Geschlecht der Alder ein Kind mit einer so hohen Musikalität hervorgebracht, die im wahren Sinn des Wortes unerhört war, und, wie es scheint, im Vorarlbergischen auch nicht wieder gehört werden wird«, und so hat er denn den »zeitlebens ungeborenen« Johannes Elias Alder zum Licht der Welt gebracht. – Was für ein Heimatroman! (Heimat. Kindheit. Bloch.)

Aus: Süddeutsche Zeitung, 30. 9. 1992.

GÜNTHER DROMMER

Genie zum Fürchten

Seit mehr als zwei Dutzend Jahren habe ich als Lektor von neuen Büchern mit Literatur zu tun. Mich durch den Wust des unaufgefordert Eingesandten gewissenhaft hindurchlesend, wurde ich der sprichwörtlichen Sternstunden nur selten teilhaftig. Von einer solchen Begegnung mit dem Wunder des Wortes will ich berichten, ehe ich auf das Wunder des Romans von Robert Schneider mit dem seltsamen Titel *Schlafes Bruder* zu sprechen komme. Es mag gut zehn Jahre her sein, da saßen wir, ein paar Autoren und ihre Verlagslektoren, an einem Spätherbstabend um den runden Tisch des Konferenzzimmers eines kleinen Ostseehotels, und einer, von dem heute kaum jemand noch spricht, begann seine Gedichte zu lesen. Die handelten von Tag und Nacht, von den Jahreszeiten, von Tieren und Blumen, von Liebe und Einsamkeit. Nach dieser Stunde stummen Zuhörens waren wir alle einander freund, und wir liebten die Welt. Das Talent des Dichters, vielleicht hat es danach nie wieder mit solcher Kraft seine Wirkung ausgeübt, vermochte uns zu verwandeln. Wir, mit der Vernunft begabt und zur kühlen Analyse fähig, waren für einen Moment zurückgekehrt zu jenen Zeiten, da Erziehung und Zivilisation uns Menschen noch nicht so stark formten und beherrschten wie heute. Von solchen Vorgängen erzählt Robert Schneiders erster Roman. Er zieht uns beim Lesen in seinen Bann, wie es so oft bei Büchern nicht geschieht, und er ist, indem er eindrucksvoll davon erzählt, wie Menschen durch Kunst für Momente ihr Rollenspiel vergessen, selbst ein solches die Wirklichkeit vergessen machendes Ereignis.

Unsäglich und unglücklich ist die Liebe des jungen Musikers Johannes Elias Alder zu seiner Cousine Elsbeth. Das erfährt der Leser im zweiten Satz. Nun ist der Anfang gemacht. Auf 200 Seiten wird ein kurzes Menschenleben erzählt, wie es dumpfer und leidenschaftlicher nicht sich vollenden kann. Jener Musiker führt ein armseliges Bauernleben im Vorarlbergischen, das vorige Jahrhundert hat gerade begonnen. In großer Armut wächst der frühreife Junge mit den gelben Augen, dem übermenschlichen Gehör und der seltsamen Fähigkeit zur Stimmenimitation auf. Und als der 22jährige sich zu Tode gewacht hat, um der Liebe willen, da bleibt nichts von ihm. Die Töne, welche die Kirchgänger seines Dorfes gehört haben, sind verhallt, und auch das phänomenale Orgelkonzert in der nahen Stadt, das einzige vor wirklichem Publikum, kann kein zweites Mal erklingen. Noten beherrscht der junge Komponist, dessen Genie angst macht, nicht. Genie und Wahnsinn, sagt man, liegen eng beieinander, und ein Leben, das unter einfältigen Gebirgsbauern beginnt, um alle Höhen und Abgründe menschlicher Existenz in wenigen Jahren zu durchlaufen, zieht an und stößt ab. All das empfindet der Leser dieses Romans, der eigentlich eine Novelle mit unerhörtem Schluß ist. Das Werk wievieler Künstler verschwand im Staub der Jahrhunderte, verloren für alle Zeiten?

Und da nun die Buendia-Sippe des Weltdichters García Márquez dort in ihrem kolumbianischen Urwalddorf Macondo plötzlich einen österreichischen Mitbürger erhält, beginnt der Leser zu ahnen, wozu das Individuum als Teil seiner Gattung fähig ist.

So wie Maconde der realistischen Phantasie seines Schöpfers entsprang, ist auch jenes Örtchen Eschberg ein real-phantastisches Gebilde. Oft liest sich der Roman wie einer Chronik entnommen, und warum soll die Chronik eines dreimal von Feuersbrünsten heimgesuchten Hinterwäldler-Dörfchens, das vom dritten Brand endgültig und für alle Zeiten ausgelöscht wurde, nicht in irgendeinem Archiv existieren? Und auch deshalb ist Schneiders Buch zu loben: Nicht nur von einem außergewöhnlichen künstlerischen Talent wird überzeugend berichtet (der 31jährige Autor hat Komposition und Theaterwissenschaft studiert), auch der historische Rahmen und das soziale Milieu des Dorfes sind auf das sorgfältigste beschrieben. Eine ebensolche Genauigkeit findet sich in der kraftvollen Sprache, die das Chronikhafte des Romans wirkungsvoll unterstützt.

Ich denke seit langem, daß es im Zentrum der Literatur ein Terrain gibt, umgeben von einer unübersteigbaren Mauer, ein unbekanntes Land, von dem eine Wirkung ausgeht, die zu bestimmen niemandem möglich ist. Alle vergleichende und analysierende Literaturwissenschaft muß vor dieser Mauer kapitulieren. Der empfindsame Leser aber wird sich jener Wirkung hingeben ohne Zaudern, so wie es die Hörer der unvergleichlichen Alderschen Musik taten, die naiven im Dorf und die gebildeten in der Stadt. Robert Schneiders beachtlicher Debüt-Roman, der zu großer Hoffnung berechtigt, beschreibt diese wunderbar aufrüttelnde, gleichermaßen ängstigende wie harmonisierende Wirkung von Kunst nicht nur, er strahlt sie selbst aus.

Aus: Wochenpost, 1. 10. 1992.

THOMAS E. SCHMIDT

Das Genie, das keines wurde

Der tumbe Provinzler, alles Geistige verhindernd, alles Abweichende verfolgend, sprachlos, gehorsam, hinterfotzig: das ist eine feste Größe der österreichischen Literatur. In den Romanen von Thomas Bernhard treibt er sein Unwesen und in den Stücken von Felix Mitterer; seit Manfred Deix wissen wir sogar, wie er ungefähr aussieht. Er ist eine Kunstfigur, Produkt des komplizierten Verhältnisses des Österreichers zu sich und zu seinen Landsleuten. »Die Seffin in ihrer blauen Schürze löffelt mit gichtigen Händen Suppe in den verzogenen Mund ihres Mannes. Philipp, der Idiot, rollt die Augen, und Fritz schlägt eben das Kreuz über die Stirn. Ist es faßlich, daß in dieser Szene des Elends der genialste Musiker sitzt, den das Vorarlbergische je hervorgebracht hat?«

Nein, und es wundert gar nicht, möchte man antworten, wenn sich der arme Kerl – es ist der Held von Robert Schneiders Roman *Schlafes Bruder* – aus solch trüben Verhältnissen so schnell als möglich davonstiehlt. Es gibt kein richtiges Leben im Österreichischen. Das junge Genie erlöst sich in einer fulminanten Freitod-Inszenierung, während der er sich bis zum Atemstillstand den Schlaf entzieht, überzeugt, nur im Zustand der Wachheit könne er noch lieben: das heißt hören. Da hatten ihm seine Leute die Musik längst ausgetrieben, und die Geliebte war gerade mit einem anderen verheiratet worden. Das irdische Jammertal flieht der kaum erwachsene Johannes Elias Alder, der zu Beginn des vorigen Jahrhunderts das Pech gehabt hatte, mit einer genialen musikalischen Begabung auf die Welt zu kommen, leider ausgerechnet dort, wo Geist als Merkmal einer gefährlichen Andersartigkeit beargwöhnt wird.

Schneider hat seinen Roman als fiktive Musiker-Biographie angelegt, wenn sein Held auch zur Verklärung oder Monumentalisierung vollkommen untauglich ist: Keine Note blieb von ihm übrig, ja, er konnte nicht mal Noten schreiben, er war Analphabet, ein monströser Fall der Naturgeschichte, er hat auch keinerlei Lebenszeugnisse hinterlassen, sein Dorf wurde mehr als einmal vom Feuer verwüstet.

Elias Alder ist ganz das Geschöpf seines Biographen, der in dessen Historie auch die des Dorfes flicht, in das ihn das Schicksal warf. Ein gewiefter Chronist ist da am Werk, einer, der seine Erzählung virtuos gestaltet, mit

Abschweifungen und Vorwegnahmen spielt, dramatische Höhepunkte klug zu setzen weiß. Erinnerung an einen, dessen Genie verschleudert wurde, der keine Möglichkeit hatte, die Bühne der Kulturgeschichte zu betreten: »Da trauerten wir um diese unbekannten, diese geborenen und doch zeitlebens ungeborenen Menschen. Johannes Elias Alder war einer von diesen.«

Robert Schneider schreibt eine stilistisch sehr ambitionierte Prosa, eine Sprache voller regionaler und altertümelnder Ausdrücke, rhythmisch austariert, gelegentlich drastisch. Kaum ein Autor macht heute von der archaisierenden Stilisation so konsequent Gebrauch. Das ist ein Risiko, zumal bei einem Romandebüt, und doch gelingen Schneider im Chronistenton eindrucksvolle Passagen, deren vielleicht schönste Elias' große Vision vom Winter 1808 ist, während der sämtliche Töne des Universums in das Kind hineinfahren und es stigmatisiert, nämlich mit »Augen, gelb wie Kuhseiche«, zurücklassen. Von diesem Tag, an dem der Knabe auch den Herzschlag seiner (vermeintlich) ihm vorbestimmten Geliebten vernommen hatte, ist er Spielball, man möchte sagen: Opfer seiner erotischen und künstlerischen Impulse. Denn für sie gibt es keine Äquivalente im rudimentären Zeichensystem der Dörfler, und so manifestiert sich die Genialität als körperliche Entstellung und in wunderlichem Benehmen. Ein Außenseiter, der nicht einmal weiß, daß ihn etwas auszeichnet.

Vielleicht markiert es die Schwäche des Buchs, daß Schneider seine Geschichte nicht auf Höhe der Intensität und Bedeutsamkeit dieser Vision halten kann. Was folgt, ist das soziale Martyrium dieses Begabten, seine Ausgrenzung aus einer Horde von Imbezilen und Gemeingefährlichen, sein Untergang in Fühllosigkeit und Niedertracht.

Einmalig in diesem Landstrich, den Gott offenbar in einer Stunde schuf, da ihn Zweifel an der Schöpfung plagten, war nämlich nicht das Erscheinen eines Genies, denn mit so was wurde ein Dorf fertig. Etwas anderes wäre ungeheuerlich und wirklich erzählenswert gewesen: Wenn dieser Kerl eine Innerlichkeit ausgebildet, wenn er sich seine Misere zu Bewußtsein gebracht hätte. So bleibt Schneiders Held doch nur ein idiot savant; und auch der Biograph verweigert ihm, der nur Töne kannte, nachträglich eine eigene Sprache.

Vor dem Leser wird statt dessen ein Tableau der vorzivilisierten Grausamkeit entrollt. Dabei mag Robert Schneider keinen Effekt auslassen, Totschlag, Aberglaube, Feuersbrünste, Neid unter Habenichtsen und verdruckste Sexualität: Eine Vorarlberger Creep-show turnt vorüber. Der historische Roman als ein Stück schwarzer Heimatliteratur.

Doch bleibt einem aber dabei nicht mal das Lachen im Hals stecken, diese Deppen und Mordbuben rufen nur mildes Lächeln hervor. Man ist ihnen wohl schon zu oft begegnet.

Das alles klingt nach böser Parodie einer stereotyp gewordenen literarischen Misanthropie, gäbe es nicht ein Indiz, das gegen die Ironie, auch gegen die Selbstironie spricht. Schneider gelingt es nämlich nicht, die holzschnittartige Sprache der Bergler durchzuhalten. Zu groß ist die Versuchung, die schockierenden Begebenheiten durch Interpretation noch einmal zu akzentuieren, ins rechte Licht zu rücken. So entschlüpfen dem Erzähler immer wieder Vokabeln wie »mongoloid«, »instinktlos«, »verpotenzieren«, »Faszination« oder »masochistisch«.

Dieser Chronist ist mit dem Bewußtsein des 20. Jahrhunderts ausgestattet, er verfügt über das medizinische und sozialpsychologische Wissen, um das an Elias Alder begangene Unrecht in richtiger Weise zu diagnostizieren. Und leider fließt diese ehrlichgemeinte und ganz heutige Empörung über den Untergang des »Anderen« in einer repressiven Sozialwelt auch in die Erzählung ein. Auf diese Weise wird der bizarren Historie dann doch noch ein parabelhafter, moralischer Sinn abgerungen.

Gleichwohl – bei aller Kritik im einzelnen – *Schlafes Bruder* ist ein eindringlicher und dabei überaus lesbarer Text. Er ist erzähltechnisch perfekt gebaut. Dem Reclam Verlag Leipzig ist zu gratulieren, daß er dieses Buch mit seinem so sprödem Sujet und einer so eigenen Sprache herausgebracht hat. Er wird sich auf diese Weise ein eigenes Profil erhalten.

Aus: Frankfurter Rundschau, 10. 10. 1992.

BEATRICE VON MATT

Föhnstürme und Klangwetter

Altertümlich gibt sich die Geschichte. Darum wirkt sie neu. Da ist in einem Dorf im mittleren Vorarlberg ein Raunen und Beschwören aus längst vergangenen Tagen, ein dumpfes Sagenkonstrukt ohne Frömmigkeit, eine Künstlerstory voller Verachtung für alles Gewöhnliche. Anstößig ist diese bäuerliche Romanballade – und sehr gut gemacht. Sie ist konzessionslos durchgeführt vom Anfang bis zum Ende, in der angespannten und wild raffenden Sprache, im hochfahrenden Urteil.

Vor diesem Urteil kann kaum eine, kaum einer aus dem Weiler bestehen. Auf sie kommt's auch nicht an, auf die Eschberger mit ihren Hungerhöfen, ihrem geilen Pfarrer, ihren unterbelichteten Dorfschullehrern und dilettantischen Organisten. Nein, um diese Lamparter und Alder, diese Bauern hoch über dem Rheintal, gehe es nicht, sagt der Erzähler. Um sie geht's nur insofern, als sie einen herausragenden einzelnen, den Musiker Johannes Elias Alder, an der Entwicklung seiner Kunst hindern.

154

»Die Aufgabe, Leben und Bräuche der Lamparter und Alder in einem Buch niederzulegen, die Vermischung beider Geschlechter mit präziser Feder in hundert sich kreuzenden Strichen glücklich zu entwirren, die körperlichen Inzuchtschäden, den überdehnten Kopf, die geschwellte Unterlippe im tiefliegenden Kinn als gesundes Ursein zu verteidigen, diese Aufgabe mag sich ein Freund der Heimatgeschichte stellen, der sich um eine innige Kenntnis seiner Vorfahren bemüht. Trotzdem wäre es in allem vertane Zeit, die Geschichte der Eschberger Bauern zu beschreiben, das armselige Einerlei ihres Jahreslaufs, ihre bösen Händel, ihren absonderlich fanatischen Glauben, ihren nicht zu übertreffenden Starrsinn gegen die Neuerungen von draußen, hätte nicht zu Beginn des 19. Jahrhunderts ausgerechnet das Geschlecht der Alder ein Kind mit einer so hohen Musikalität hervorgebracht, die im wahren Sinn des Wortes unerhört war und, wie es scheint, im Vorarlbergischen auch nicht wieder gehört werden wird. Ein Kind mit Namen Johannes Elias.«

Die Beschreibung dieses unterdrückten Lebens, das auf Schönheit und umfassenden Einklang angelegt war, ist Anklage gegen die Verstocktheit und Unbedarftheit eines Milieus, sie ist aber auch Anklage gegen einen Gott, der solche Künstler schafft und verkommen läßt, indem er ihnen weder Ausbildung noch ein förderliches menschliches Umfeld bietet. Ein »Ungott« sei dieser Gott mit seiner fatalen Lust an der Ungerechtigkeit, ein satanischer Plan also die Schöpfung eines Genies, das nicht zeigen kann, daß es ein Genie ist.

Wohl werden die Eschberger für ihre Unterlassung bestraft. Föhnstürme und Feuersbrünste suchen das Dorf heim, bis der letzte Bewohner aus »lebensmüdem Trotz« verhungert und die Natur den Weiler, diesen Unort, heimholt und überall die Esche aussät, ihren aggressiven Lieblingsbaum. Das war zu Beginn dieses Jahrhunderts.

Ein Jahrhundert zuvor war das monströse Unrecht geschehen. Weh für Weh heißt's von der Gebärenden: »Die Seffin gellte vor Schmerzen.« Dann ist er da, der Sohn der Bäuerin und des Dorfpfarrers, des hochwürdigen Kurats Elias Benzer, der bald nach der Taufspendung zu Tode kommt und welchem der Kleine gleichen wird, welchem er – in Schneiders dramatisch balladesker Sprache – »wie aus der Form gestürzt ist«. Der Knabe kommt nicht gern zur Welt, erst wie die geschwätzige Hebamme ein Tedeum anstimmt, beginnt der »Klumpen Fleisch« zu leben.

Inmitten von »Wasserköpfen, Mongoloiden und Inzüchtigen« wächst er auf, ausgestoßen, verdächtigt, hineingeworfen in seine umfassende Begabung, eine Art bäuerlicher Novalis, dem sich das Universum als Klang offenbart. Nicht ätherisch luftverwandt wie beim frühromantischen Dichter ist Elias' kosmische Erfahrung, sondern ganz konkret sinnlich wird er von ihr überfallen. Seine Körpersäfte werden ihm hörbar und nehmen die Geräusche der Bäche auf, sein Singen folgt den Flügelbewegungen der Zitronenfalter, seine Kopfstimme lockt Wildtiere und Fledermäuse herbei, deren Frequenz er trifft. Das Kirchlein macht er durch sein Orgelspiel zur Kathedrale, Klangwetter, Klangmeere, Klangwüsten breiten sich aus mit dem Eschberger Gaden als Zentrum.

Die Welt teilt sich Elias seelisch und körperlich mit in herrlichen Synästhesien. So auch das »Herzschlagen Elsbeths, eines ungeborenen Kindes«, zu dem er im Alter von fünf Jahren in Liebe entbrennt. Weil die »Liebe unlebbar« ist, will er sterben, indem er sich selber des Schlafes beraubt. Nicht zuletzt aber erstickt er an der gleichsam sprachlosen Übermacht seiner Kunst, die er nicht umsetzen, nicht verwirklichen kann. Er kennt die Notenschrift nicht ...

Dieses Buch ist halb Sage, halb Heiligen- und Märtyrerlegende, aber auch Künstler- und Dorfroman: die verschiedensten Muster, die die Weltliteratur bereithält, werden eingearbeitet. Tod, Liebe, Kunst erstrahlen als Apotheosen, vor denen das Alltägliche verdorrt. Der Außergewöhnliche, der elitäre Einzelne darf ein ungebrochenes Faszinosum sein. Dem entspricht der neuexpressionistische Sprachgestus, auch wenn er oft gefährlich überanstrengt wird. Verführerisch und von flackernder Attraktivität sind Schneiders Absolutsetzungen in diesem hinterwäldlerischen Arkadien von schwärzestem Ansehen.

Der bei allem Pathos durchgehaltene Kunstcharakter, die Distanz und die ironischen Lichter machen aus dem irritierenden Unterfangen eine ernstzunehmende Sache. Die Emporstilisierung des Helden und die absurd surrealen Erfindungen mögen an die Erzählstrategie in Patrick Süskinds *Parfum* erinnern. Robert Schneider aber hat Süskind voraus, daß in seinem – archaisierten – Milieu alles stimmt, während Süskind sein Monstrum mit Staffagen aus dem Geschichtsunterricht umstellt.

Was die unverhohlene Kritik an ländlicher Rückständigkeit betrifft, so schließt Schneider trotz einer anderen Stilgebärde an die Romane seiner Landsleute Franz Innerhofer und Josef Winkler an, unter den Schweizern an jene von Marcel Konrad und Flavio Steinmann. Alle diese Autoren verraten gerade durch die versessene Genauigkeit in den geschwärzten Details ein ebenso fatales wie künstlerisch ergiebiges Gebundensein an ihre Welt.

Aus: Neue Zürcher Zeitung, 20. 10. 1992.

JULIA SCHRÖDER

Denn wer liebt, schläft nicht

Die Geschichte ist wirklich unerhört. Da ist ein musikalisches Genie, und keiner erkennt es. Da ist eine absolute Liebe, und sie wird nicht erwidert. Und da ist eine Welt, in der nicht nur weder Genie noch Liebe Platz haben, sondern überhaupt nichts von dem, was den Menschen menschlich macht. »Das ist die Geschichte des Musikers Johannes Elias Alder, der zweiundzwanzigjährig sein Leben zu Tode brachte, nachdem er beschlossen hatte, nicht mehr zu schlafen«, so der erste Satz im ersten Roman des jungen österreichischen Erzählers Robert Schneider – großartiger Auftakt eines Themas, das auf knapp 200 Seiten das alte Motiv des Widerspruchs von Kunst und Leben auf ebenso originelle wie zuweilen atemberaubende Weise variiert. Und doch hinterläßt die Erzählung von dem unmöglichen Musiker und seiner unmöglichen Liebe einen zwiespältigen Eindruck.

Elias Alders ungeheure musikalische Begabung macht ihn in der menschen- und lebensfeindlichen Umgebung des Dorfes Eschberg im Vorarlbergischen am Anfang des 19. Jahrhunderts zum Außenseiter. Und doch ist er so sehr Kind seiner im übrigen unheilvoll inzüchtigen Sippe, daß er sich seiner Cousine, die er vom Augenblick ihrer Geburt an liebt, niemals erklärt. Gott und die Welt sorgen schließlich dafür, daß er – als Künstler wie als Liebender nicht erkannt – dem Wahnsinn und einem qualvollen Tod anheimfällt: »Wer liebt, schläft nicht«, hatte ein durchreisender Sektenprediger den Dörflern verkündet, und Elias nimmt die Predigt wörtlich. Der Mann, der den Namen des entrückten Propheten trägt, wacht sich zu Tode und verschwindet, ohne der Nachwelt eine Spur zu hinterlassen.

Robert Schneider hat zweifellos etwas zu erzählen, und er kann es auch. Was sofort auffällt, ist der Wille zur sprachlichen Präzision in der Beschreibung einer vorzivilisatorisch anmutenden Welt, die von Gewalt, Armut, Inzest, Tierquälerei, Mißgunst, reduzierter Kommunikation, physischer und psychischer Verstümmelung geprägt ist. Dem menschlichen Elend entspricht die Unwirtlichkeit einer Natur, die in Feuersbrünsten ihren Herrschaftsanspruch letztlich geltend macht. Was ebenso auffällt, ist der Zorn des Autors, ein Zorn, der, allen abgeklärten Erzählerkommentaren zum Trotz, die Geschichte mitschreibt.

Denn Schneider macht seinem eigenen Herkommen die Rechnung auf. Was stört, sind jene Momente in der Erzählung, in denen die eigene biographische Betroffenheit den hohen sprachlichen Anspruch archaisierend-lakonischer Erhabenheit unterläuft. Dem Lektorat ist es anzulasten, daß Plattheiten und Bildbrüche wie »Das Medikament fing an, Wirkung zu zeigen« stehengeblieben sind.

Was wieder versöhnt, ist die Disziplin, mit der der Musikerroman musikalisch aufgebaut ist. Nebenthemen – episodische Abschweifungen – reichen das Hauptthema an, bis es, in der Mitte des Romans, mit Elias' Orgelspiel, dem Sektenprediger und einem Spaziergang des Mannes mit seiner Geliebten den Höhepunkt der Durchführung erreicht. So wird aus dem Sujet, das zur Novelle getaugt hätte, ein symphonisches Epos. Was ebenfalls versöhnt, ist das Zartgefühl, das in den Schilderungen der seltenen Augenblicke schöner Menschlichkeit zum Ausdruck kommt. Die Coda, das kurze Schlußkapitel des Romans, zählt dazu. In der späten Erinnerung der Frau an den Mann, der sie liebte, scheint die Hoffnung auf Versöhnung auf – nicht der Kunst, aber wenigstens der Lebenden mit dem Leben.

Aus: Stuttgarter Zeitung, 30. 10. 1992.

HUBERT WINKELS

Hörwunder

Wofür soll man den 31jährigen Robert Schneider am meisten loben? Für seine wundersam antiquierte Geschichte, seine altmeisterliche Kunst, Episoden auszuschmücken, seinen Blick fürs Deformierte und Groteske, sein Ohr für harmonische Wortklänge, für seinen Mut, die Mittel von vorgestern aufzupolieren, die Blamage zu wagen, höchstes Risiko einzugehen?

Wofür soll man ihn am meisten tadeln? Für sein zeitabgewandtes Fantasieren, seinen erhaben-distanzierten Ton, für das künstliche Wortgeklingel, die preziösen Redewendungen, den manierierten Dialekt und die verlogene Urigkeit seiner Dorfgeschichte?

Tatsächlich gibt uns Robert Schneider in seinem ersten Buch reichlich von dem, wonach kaum einer sich zu fragen traut, was aber jeder gierig verschlingt: eine traurige Weise von Genie und Wahnsinn, Liebe und Tod, altfränkisch-kunstvoll erzählt, ein archaisches Märchen.

Der junge Johannes Elias Alder ist im vorarlbergischen Bergdorf Eschberg, wo hartherzige Bauerntrampel inzuchtgeschädigt dahinvegetieren, eine Ausnahmeerscheinung. Er ist ein musikalisches Genie und eine schöne Seele: Er liebt. Sein Auftritt, seine Geburt, ist gut vorbereitet. Robert Schneider hat uns bereits die ganze Geschichte des Dorfes bis zu dessen Ende in einer Feuersbrunst siebzig Jahre nach Elias erzählt. Wir kennen den Eschberger Menschenschlag, die Alders und die Lamparters, ihren Aberglauben und ihre Bösartigkeit; und wir kennen die Umstände von Elias' Geburt ungefähr so genau wie die der Geburt Jesu.

Allein diese Legendenhafte Erzählgeste: die große Genealogie mit Fanfaren in ein konkretes Schicksal münden zu lassen – wer traut sich so was schon? Und in diesem Stil geht es weiter. Schneider hält sich nicht mit Kleinigkeiten auf. Schon folgt das Erweckungserlebnis des musikalischen Genies. Mit fünf Jahren hört Elias den ganzen Kosmos klingen, insbesondere den Herzschlag einer noch Ungeborenen, seiner geliebten Cousine Elsbeth. Der Fantastik nicht genug: Die Augen des Kleinen treten aus den Höhlen und färben sich gelb »wie Kuhseiche«, der Bart sprießt, und das Schwänzchen steht.

Die Musik hat ihn erwischt, und in Erinnerung an den musikalischen Stammvater Orpheus versammeln sich die Tiere des Waldes um ihn.

In solch großen Schritten greift die Erzählung aus. Elias wird geächtet, er erobert die Kirchenorgel, das Dorf brennt, er rettet Elsbeth, sie heiratet schließlich einen anderen. In der nahen Stadt hat Elias einen furiosen Auftritt an der Orgel, doch schon ist es zu spät, die Liebe verzehrt ihn von innen her, und er hilft kräftig mit. In diesen Handlungsstrang sind etliche kuriose Episoden von den abergläubischen Eschbergern gewoben; kurz und genau, manchmal mit Witz erzählt. Man spürt, er kann's, der Robert Schneider, er beherrscht sein Handwerk, auch wenn einzelnes mißlingt.

Doch wer will bei einem solchen waghalsigen Kunststück wie *Schlafes Bruder* kleinlich meckern. Nehmen wir es im rauschhaft Großen und Heldenhaften. Der musische Held also als Märtyrer. Keine unbekannte Figur in unseren larmoyanten Zeiten. Doch selten radikal und rücksichtslos herausgemeißelt aus dem Mob. Einzig er ist zur Kunst und zur Liebe zivilisiert und damit zum Tod in einer herzlosen Welt. Was Wunder, daß dem kunstheiligen Elias das Jesuskind erscheint.

Und was Wunder, daß dieses Erweckungsbuch dem Publikum gefällt, dem breiten wie dem professionellen. Bedient es doch ein weitverbreitetes Bedürfnis nach einer erbaulichen Geschichte in alter Erzählsprache und ist zugleich in seiner ganzen gekonnten Sentimentalität überdreht künstlich und also zeitgemäß. Denn nichts stimmt in *Schlafes Bruder*, der Dialekt nicht und die alten Wendungen nicht, die Figuren und die Episoden nicht – und doch kennt man das alles. Es entspricht einem Fantasiebild von Geschichte, Heimat und Aberglaube, das jeder in einer vorpubertären Herzkammer hütet, weil es dort gemein und großartig, grausam und heilig, archaisch und schicksalhaft zugeht.

Es ist mehr als Kunsthandwerk, diese Kammer geöffnet zu haben. Das war es auch schon bei einem vergleichbaren Roman, bei Patrick Süskinds *Parfum*. Es ist ein Coup. Hoffentlich auch für Robert Schneider selbst, der sich mit seinen Fähigkeiten jetzt über unsere gegenwärtige Welt hermachen sollte.

Aus: Tempo, 11/1992.

MARTIN DOERRY

Ein Splittern von Knochen

Am Palmsonntag des Jahres 1820 betrat in dem kleinen Vorarlberger Flecken Eschberg ein Schauprediger den Kirchplatz, um den Dörflern auf seltsame Weise Gottestreue einzupauken. Er sei, so verkündete Corvinius Feldau von Feldberg, ein »Apostel der Liebe«, jedermann, ob jung oder alt, solle sich sofort und hemmungslos dem »Rausch der Wollust« hingeben.

Eine solche Predigt schien den Eschbergern unerhört. Allen Zweiflern donnerte der Redner jedoch entgegen, das Ende sei nahe, ein »riesiges Mohrenheer« stehe bereits hinter den Bergen. Es sei höchste Zeit für die Liebe. Wer ein Weib habe, nehme es und lasse nicht mehr von ihm ab.

Erregung befiel die Menge. Seufzer und schrilles Gelächter erklangen. Corvinius wiederum begleitete sein apokalyptisches Geschrei mit den obszönsten Verrenkungen. Ja, er verstieg sich zu der Mahnung: »Wer auch nur eine Stunde seines Lebens ohne Liebe zubringt, dem wird sie im Fegefeuer dazugeschlagen.« Er selbst schlafe schon seit zehn Tagen nicht mehr. Mit den Worten »Wer schläft, liebt nicht!« brach der Prediger endlich erschöpft zusammen.

Unter den Zuhörern befand sich auch der 17jährige Johannes Elias Alder. Der junge Mann, so erzählt Robert Schneider, der Erfinder dieser Geschichte, habe die »ordinäre Absicht« des Redners gar nicht begriffen. Wohl aber sei er zutiefst berührt worden von dessen Liebesbotschaft. Tatsächlich nimmt sich der Jüngling den Satz »Wer schläft, liebt nicht« so zu Herzen, daß er daran zugrunde geht.

Daß es genau so und nicht anders kommen wird, erfährt der Leser von *Schlafes Bruder*, dem ersten Roman des Österreichers Robert Schneider, 31, schon im ersten

Satz. »Das«, so erklärt der Autor in feierlichem Ton, »ist die Geschichte des Musikers Johannes Elias Alder, der sein Leben zu Tode brachte, nachdem er beschlossen hatte, nicht mehr zu schlafen.«

Robert Schneider nimmt den Schluß vorweg – und schafft doch damit erst die Spannung. Er berichtet vom Leben und Sterben eines Genies, eines Musikers, der am Biedersinn des Vorarlberger Bauernvolkes scheitert, der sich seiner Größe nicht einmal bewußt ist und dem am Ende die Kraft fehlt, um Elsbeth, dem über alle Maße geliebten Mädchen, seine Liebe zu erklären.

Ganghofer? Wimschneider? Nein, kein Heimatroman in gewohnter Manier. Schneider entfaltet das historische Panorama eines fiktiven Alpendorfes – und erzählt doch eine zeitlose Geschichte von Genie und Wahnsinn, von Gewalt und Leidenschaft.

Kitsch? Persiflage? Weder – noch, eher schon ein Märchen. Johannes Elias Alder erfährt im zarten Alter von fünf Jahren ein religiös anmutendes Erweckungserlebnis: Der Knabe steigt durch den Hochwald und betritt im Gebirgsbach einen vom Wasser abgeschliffenen Stein. Plötzlich wirken magische Kräfte auf sein Gehör. Er vernimmt den Klang fallender Eisflocken, dann die Körpergeräusche der Tiere des Waldes, den unruhigen Herzschlag seines Vaters. Schließlich erreichen ihn Töne aus dem ganzen Universum:

»In Strömen unvorstellbaren Ausmaßes prasselten die Wetter des Klanges und der Geräusche auf die Ohren des Elias nieder. Ein irres Durcheinander von Hunderten von Herzen hub an, ein Splittern von Knochen, ein unglaubliches Getöne vom Schlucken, Gurgeln, Husten, Speuzen, Rotzen und Rülpsen, ein Glucksen von gallertigen Magensäften, ein lautes Platschen von Urin, ein Rauschen von Haupthaar und das noch wildere Rauschen vom Haar der Tierfelle, ein dünnes Singen, wenn Schweißtropfen verdampften, ein Gewetze von Muskeln, ein Geschrei von Blut, wenn Glieder von Tieren und Menschen stämmig wurden. Nicht zu reden vom wahnhaften Chaos der Stimmen und Laute des Menschen und aller Kreatur auf und unter der Erde.«

Das merkwürdige Hörerlebnis endet mit einem Klang, der das Leben des Knaben fortan beherrschen wird: »Es war das weiche Herzschlagen eines ungeborenen Kindes, eines Fötus, jenes Menschen, der ihm seit Ewigkeit vorbestimmt war. Es war das Herz seiner Geliebten.«

Elias sucht das Herz und findet Elsbeth. Er umwirbt sie und sublimiert seine ganze Liebe in Musik. Der sonderbare Jüngling avanciert zum Organisten der Dorfkirche, ohne je eine Note gelesen zu haben. Und Schneider läßt keinen Zweifel daran, daß sein Protagonist wirklich ein Genie ist. Er stellt ihn in eine Reihe mit Sokrates, Leonardo und Mozart. »Gott«, so beteuert der Erzähler, »schuf einen Musikanten«, dem es zur Erfüllung seines Werks nur an Förderung und Bildung gefehlt habe.

Denn das tumbe, von Inzucht zerrüttete Bauernvolk hat mit dem jungen Mann nichts Gutes im Sinn. Elias leidet. Doch wenn er sich an die Orgel setzt, so wird aus Schneiders Roman ein Stück geschriebener Musik. Toccaten und Fugen verwandeln sich in eine Sprache von suggestiver Bildmacht.

Virtuos zieht Schneider alle Register des professionellen Romanciers. Mit leichter Hand versprengt er Lokalkolorit. Vor allem aber verfügt seine Sprache über verwirrende Kraft und zuweilen atemberaubende Eleganz.

Satzbau und Wortwahl streben zurück ins 19. Jahrhundert – und sind dennoch von Modernismen durchsetzt. Eben noch bedient sich der Autor der Vorarlberger Mundart, da stürzt schon eine Kaskade von Fremdwörtern durch den nächsten Absatz. Mal verbreitet er sich gönnerhaft im Pluralis majestatis (»Wir schließen die Blätter unseres Büchleins«), mal zürnt er über die Missetaten der von ihm selbst erfundenen Figuren.

Der altertümelnde Ton ist von befremdlicher Konstanz: Frauen betreten stets als »Weiber« die Bühne des Geschehens, und wenn Elias läuft, dann »schuht« er auch schon mal. Schneider erfindet Wörter, er erzählt so routiniert wie nur wenige Schriftsteller seiner Generation.

Der junge Autor lebt in Meschach, einem kleinen Dorf in Vorarlberg. Bisher schrieb er Drehbücher und kleine Theaterstücke: Das Manuskript von *Schlafes Bruder* reichte er bereits im vergangenen Jahr beim Klagenfurter Ingeborg-Bachmann-Wettbewerb ein – erfolglos. In diesem Herbst nun nahm der Leipziger Reclam-Verlag den Roman ins Programm. Und die Buchhändler dankten es ihm: Trotz eines – für westdeutsche Verhältnisse – lächerlich geringen Werbeaufwands verkauften sie den schmalen Band bereits 40.000mal.

Ob Schneider seinen Roman nach bewährten Erfolgsrezepten gestrickt hat – diese Frage soll er sich selbst beantworten. Jedenfalls mag das Publikum spannende Romane in historischem Kostüm. Süskinds *Parfum* etwa wagt diesen Sprung in die Vergangenheit. Ransmayrs *Letzte Welt* ebenso.

Die Zeitmaschine hält den literarischen Markt in Schwung, sie reißt die Leser mit – um sie am Ende aber ratlos auszuspucken.

Denn was will Schneider überhaupt erzählen? Will er wirklich eine romantische Hymne auf die ewige Liebe singen? Seine Botschaft klingt seltsam genug: Tote können nicht lieben, also mag Elias auch nicht schlafen, denn der Tod ist des *Schlafes Bruder*; schließlich vertreibt er sich den Schlaf mit Tollkirschen, um dabei qualvoll zu krepieren – ist das ein Thema, auf das die Leser in diesem Herbst gewartet haben?

Nein, kein Thema, aber eine Attitüde. Indem Schneider sich so furios in seine Bilderwelt versteigt und seinen Helden vergöttert, befriedigt er das allgemeine Bedürfnis nach dem ultimativen Kick. Alles ist maßlos: Johannes Elias Alder, sein Genie, seine Liebe zu Elsbeth, zur Natur und Musik. Nur eine so geniale Phantasiegestalt löst offenbar noch die Hoffnung vieler Leser auf das besondere, das einzigartige Leben ein.

Robert Schneider bedient sein vom Alltag ermüdetes Publikum mit perfekter Illusion. Er verschafft ihm einen wilden Traum von außerordentlicher Schönheit, eine

Geschichte voll von phantastischen Begebenheiten. Am Ende jedoch folgt ein böses Erwachen. Nichts hat Bestand. Erkenntnis stellt sich nicht ein. Schneiders Leser fallen in ihre Alltäglichkeit zurück.

Dieser Roman wird wie eine Droge wirken. Der Entzug ist bitter, groß aber auch der Bedarf nach neuem Stoff aus derselben Feder.

Aus: Der Spiegel, 23. 11. 1992.

CHRISTIAN SEILER

Die Geschichte lächelt durch ihre Tragik

Als was sollen Schallwellen bezeichnet werden, die in einem leeren Raum aus den dort aufgestellten Lautsprechern fließen? Bei den Schallwellen handelt es sich, sagen wir, um die *Vier Jahreszeiten* von Vivaldi, die von einem einsamen CD-Player abgespielt werden. Findet im Zimmer deshalb Musik statt? Oder bedürfen die Schallwellen erst eines Zuhörers, in dessen Empfinden sie sich zu harmonischem Wohlklang, zum ersten Satz (La primavera, E-Dur), zu Musik also zusammensetzen?

Die Lösung heißt wohl: Es kann keine Musik ohne den Menschen geben, der sie als solche identifiziert. Schallwellen ohne Ohr bleiben ein kühles, physikalisches Phänomen ohne Anspruch auf mehr.

Aber wie steht es um das Genie?

Ge|nie [lat.-fr.], das; -s, -s: 1. überragende schöpferische Geisteskraft. 2. hervorragend begabter, schöpferischer Mensch. (Duden 5, Fremdwörterbuch)

Wie entsteht dieser *hervorragende* Mensch? Steht er plötzlich im Zimmer, urknallmäßig, und spuckt in die

Hände? Oder muß er zuerst als Genie erkannt werden, wie die Musik, die erst gehört werden muß, um Musik zu werden? Genügt es, daß der Schädel eines Genies geistige Schallwellen aussendet, die in der Öde der menschlichen Fassungslosigkeit physikalisch nachweisbar sind? Oder bedarf das Genie eines kongenialen Publikums, das seine überragende schöpferische Geisteskraft zu schätzen weiß? W. A. Mozart zum Beispiel hatte Glück. Vater Leopold förderte seine überdimensionale Musikalität vom ersten Augenblick an, so daß sie in ein Werk unbegreiflicher Wirkung münden könnte. Auch Chuck Berry fand für plärrende Elektrogitarren-Riffs seine Empfänger: die Rock-'n-'Roll-Generation. Aber was wäre passiert, wenn er zum Beispiel am Hof des etwas empfindlichen römischen Kaisers Nero begonnen hätte, *Roll over Beethoven* zu singen? Er wäre geviertelt worden, mindestens, als Zauberer, Volksverhetzer und Leibhaftiger in einer Person: Stephen Spielberg ließ das in seinem schönen Film *Zurück in die Zukunft* schön anklingen. Was für ein Glück, daß Chuck 1931 in St. Louis zur Welt kam. Das rettete ihm den Kopf und uns den Rock'n' Roll. Doch es hätte auch anders kommen können. Nicht jedes Genie ist uns als Genie überliefert. Manche wirkten im leeren Raum. Denen hat jetzt Robert Schneider ein Denkmal gesetzt.

Der 31jährige Vorarlberger erzählt in seinem Debütroman *Schlafes Bruder* die Geschichte des Elias Alder. Elias ist ein Genie von Mozartscher Größe, das von seiner Umwelt weder erkannt noch gefördert wird und deshalb scheitern muß. Schon der erste Satz des Romans läßt daran keinen Zweifel: »Das ist die Geschichte des Musikers Johannes Elias Alder, der zweiundzwanzigjährig sein Leben zu Tode brachte, nachdem er beschlossen hatte, nicht mehr zu schlafen.«

Elias Alder kommt 1803 in Eschberg, »einem Bergdorf im mittleren Vorarlberg« auf die Welt. Er ist der uneheliche Sohn der Seffin und des Kuraten Elias Benzer, »ein Kind mit einer so hohen Musikalität, (...) die im wahren

Sinn des Wortes unerhört war, und, wie es scheint, im Vorarlbergischen auch nicht wieder gehört werden wird«.

Schneider erzählt die Geschichte des Elias mit einer spielerischen Entrüstung, die ihr den Rahmen gibt: »Die Beschreibung seines Lebens ist nichts als die traurige Aufzählung der Unterlassungen und Versäumnisse all derer, welche vielleicht das große Talent dieses Menschen erahnt haben, es aber aus Teilnahmslosigkeit, schlichter Dummheit, oder wie jener Cantor Goller, Domorganist zu Feldberg (dessen Gebeine exhumiert und in alle Windesrichtungen verstreut werden sollten, auf daß sein Leib am Tag der Sieben Posaunen nicht wieder zu sich finde), aus purem Neid verkommen ließen. Es ist eine Anklage wider Gott, dem es in seiner Verschwenderlaune gefallen hatte, die so wertvolle Gabe der Musik ausgerechnet über ein Eschberger Bauernkind auszugießen, wo er doch hätte absehen müssen, daß es sich und seine Anlage in dieser musiknotständigen Gegend niemals würde nutzen und vollenden können. Überdies gefiel es Gott, den Johannes Elias mit einer solchen Leidenschaft nach der Liebe auszustatten, daß davon sein Leben vor der Zeit verzehrt wurde.«

Bevor Elias verkannt wird, muß er zum Genie werden. Wie wird einer zum Genie? Reift seine Gabe langsam, oder fährt sie ein wie der Blitz? Schneider gibt Antwort. Elias verwandelt sich wie ein hellhöriger Werwolf vom gewöhnlichen Bauernbuben zum musikantischen Genie. An seinem Lieblingsort, einem abgeschliffenen Stein im Bachbett der Emmer, wird er von einem Knall in seinen Ohren erschreckt, fällt rücklings in den Schnee und verändert sich drastisch: Seine Augen werden gelb, seine Stimme tief, seine Zähne fallen aus; sein schon vorher feines Gehör nimmt plötzlich Unerhörtes wahr, wird mit einem Schlag zu einem organischen Radarschirm:

»Geräusche, Laute und Klänge taten sich auf, die er bis dahin in dieser Klarheit noch nie gehört hatte. Elias hörte nicht bloß, er sah das Tönen. Sah, wie sich die Luft unaufhörlich verdichtete und wieder dehnte. Sah in die Täler der Klänge und sah in ihre gigantischen Gebirge. (...) Immerfort verpotenzierte sich sein Gehörkreis und wurde immer pittoreskerer Klänge ansichtig. Dann das unbeschreibliche Konzert von Geräuschen und Lauten aller Tiere und aller Natur und die nicht enden wollende Zahl der Solisten darin. Das Muhen und Blöken, das Schnauben und Wiehern, das Gerassel von Halfterketten, das Lecken und Zungengewetze an Salzsteinen, das Klatschen der Schwänze, das Grunzen und Rollen, das Furzen und Blähen, das Quieken und Piepsen, das Miauen und das Gebell, das Gackern und Krähen, das Zwitschern und Flügelschlagen, das Nagen und Picken, das Grabschen und Scharren ...«

In dieses Konzert mischt sich an dieser Stelle leise das zweite bestimmte Motiv dieses Buches, die Liebe: »Von einem letzten Klang ist zu berichten, einem Klang von so filigraner Gestalt, daß er doch in all dem Rumor des Universums hätte untergehen müssen. Aber der Klang blieb und ging nicht unter. Er drang her von Eschberg. Es war das weiche Herzschlagen eines ungeborenen Kindes, eines Fötus, eines weiblichen Menschen. Was Elias gehört und geschaut hatte, vergaß er, aber den Klang des ungeborenen Herzens nicht mehr. Denn es war das Herzschlagen jenes Menschen, der ihm seit Ewigkeit vorbestimmt war. Es war das Herz seiner Geliebten.«

Elias wächst heran. Er ist einsam, seine gelben Augen und sein tiefer Baß verstören Nachbarn und Eltern. Er lernt das Orgelspielen vom bloßen Zuhören, wird Dorflehrer und Organist der Kirche. Im improvisierten Orgelspiel kann er sich endlich artikulieren, seine Zuhörerschaft verzaubern, ohne daß jemand auch nur begreift, warum. Niemand erkennt Elias' Genie, versteht seine Musikalität einzuordnen und ihn aus Eschberg in die Welt hinunter zu holen. Als endlich der Ruf eines Musikprofessors bei Elias' Mutter eintrifft, der Bub solle sich schleunigst beim Domvikariat melden, um dort die »Freien Künste« zu studieren, ist es bereits zu spät. Elias ist tot. Die unerfüllte Liebe zu Elsbeth, deren Herzschlag er schon im Mutterleib pochen hörte, und der Spruch eines Schaupredigers haben ihn angestiftet, Selbstmord durch Schlafentzug zu begehen.

Der Prediger sagte: »Wer schläft, liebt nicht!«

Das nahm Elias wörtlich: »Wie, bebte es aus seinem Mund, könne ein Mann reinen Herzens behaupten, er liebe sein Weib ein Leben lang, tue dies aber nur des Tags und dort vielleicht nur über die Dauer eines Gedankens? Das könne nicht von Wahrheit zeugen. Denn im Schlaf liebe man nicht. Man befinde sich in einem Zustand des Totseins, weshalb Tod und Schlaf nicht aus dem Ungefähr Brüder genannt würden.«

Elias schläft acht Tage und sieben Nächte nicht. Dann ist er tot. Robert Schneiders Chronik eines angekündigten Todes erfüllt sich.

Doch ist *Schlafes Bruder* mehr als eine Reflexion über das Wesen des Genies (der Roman ist auch das). Schneider schafft mit Eschberg einen abgeschiedenen, literarischen Mikrokosmos, den er konsequent mit Leben erfüllt. Märchen? Parabel? Dorfchronik? Schneider bedient sich bei allen Genres, denen die Provinz als Nährboden dient. Sein Handwerk hat er gelernt, als er Filmdrehbücher und Volkstheaterstücke schrieb; doch ist *Schlafes Bruder* vor allem durch seine Sprache ein so rundes, abgeschlossenes und – das Thema bedingt es ja fast – musikalisches Buch geworden. Lehmig ist diese Sprache, sie klumpt und bröselt, verleugnet weder das Dorf noch das 19. Jahrhundert, scheut sich nicht, in langen, rhythmischen Passagen, Musik selbst zu beschreiben (wieder kann Schneider auf seinen Fundus zurückgreifen. In Wien studierte er Komposition). Doch die Feierlichkeit und das Pathos, die *Schlafes Bruder* ausstrahlen, werden durch den allgegenwärtigen Humor gebrochen; die Geschichte lächelt, selbst wenn sich Tragik und Ernst und Gottgläubigkeit überstürzen.

Schlafes Bruder ist durch viele Hände gegangen, bevor er bei Reclam Leipzig schließlich einen Verleger fand.

Das Publikum ist nicht so zögerlich: Nach zwei Monaten sind bereits 40.000 Exemplare der historischen Dorfgeschichte verkauft. Damit fügt sich Schneiders schmaler Roman perfekt in die Reihe wunderbarer Bücher, die vor einer sperrigen geschichtlichen Kulisse zu sich selbst finden: Sten Nadolnys *Entdeckung der Langsamkeit* zum Beispiel, Patrick Süskinds *Parfum*, Chrisoph Ransmayrs *Die letzte Welt*.

Die Musik läuft also. Die Schallwellen fließen, und die Gefahr, daß niemand zuhört, ist für dieses Mal gebannt.

Aus: Die Weltwoche, 26. 11. 1992.

VOLKER WIECKHORST

Denn im Schlafe liebt man nicht

Wenn die Welt, über die Robert Schneider in seinem ersten Roman *Schlafes Bruder* Auskunft gibt, je existiert hat, dann ist es eine längst vergangene. Er erzählt uns die Geschichte des Musikers Johannes Elias Alder, »der zweiundzwanzigjährig sein Leben zu Tode brachte, nachdem er beschlossen hatte, nicht mehr zu schlafen. Denn er war in unsägliche und darum unglückliche Liebe zu seiner Cousine Elsbeth entbrannt und seit jener Zeit nicht länger willens, auch nur einen Augenblick lang zu ruhen, bis daß er das Geheimnis der Unmöglichkeit seines Liebens zugrunde geforscht hätte.«

Keine Frage: Der 1961 in Bregenz geborene Autor versteht es, uns hineinzuholen in eine Welt, die uns bei aller Fremdheit mit fortschreitender Lektüre so vorkommt, als hätte es sie tatsächlich einmal gegeben. Was ja nur heißen kann, daß er die Kunstgriffe des Erzählens beherrscht.

Es war kalt, und der Nebel schwappte herauf auf das Anwesen der Alders, »beschlug die Rinde der Tannen südseitig«. Das Kind erwacht vom bloßen Klang der Schneeflocken. Der Bub, mit dem der Herrgott noch etwas vorhat, stiehlt sich davon und marschiert hinunter zum Ufer des Flusses Emmer. »An diesem Nachmittag hört der fünfjährige Elias das Universum tönen.« Er nimmt vom kleinsten bis zum größten Geräusch alles in übernatürlicher Klarheit wahr. Das allein wäre schon verwunderlich, aber das Wunder will nicht einhalten. Sein Körper nämlich begann, sich zu verändern. »Jäh traten die Augäpfel aus ihren Höhlen, ja stülpten sich über die Lider und dehnten sich bis unter die Augenbrauen (...) Das Gesicht des Kindes aber bot einen derart entsetzlichen Anblick, als lägen alle je gehörten Wehschreie des Menschen und der Kreatur in ihm eingegraben. Die Kiefer traten hervor, die Lippen verkümmerten auf zwei dünne, blutleere Striche.«

Das Grün seiner Augen wechselt über in ein ekelerregendes Gelb. Und neben allen wunderbaren Klängen und Geräuschen, die sich ihm auftun, ist eines von einer ganz besonderen Art. Er vernimmt den Herzschlag eines ungeborenen Kindes. Den Herzschlag jener Cousine, der fortan seine Liebe gelten wird.

Zwei Winter lang wird Elias in seinem Zimmer eingesperrt. Weil die Eltern sich mit dieser Ausgeburt an Häßlichkeit nicht dem Gespött der Leute preisgeben wollen. Die Mutter verfällt in Apathie. Sie wäscht sich nicht mehr. Im Gesicht weiß wie Speck geworden und fett wie eine tragende Sau, will sie ihren Mann nicht mehr beschlafen. Sie gibt sich merkwürdigen Kulten hin, setzt Kröten brennende Kerzen auf und wühlt sich nackt im Laub. Es ist ein Kreuz mit den Eschbergern, und es wird ein Ende haben mit ihnen irgendwann. Vor dem Altar stellt Elias' Mutter sich immer wieder die Frage, weshalb der Herr sie mit solch einem Kind habe strafen lassen. Ein närrisches wäre im Dorf unter den Mongoloiden und Blatterngesichtern nicht weiter aufgefallen. Doch weil mit der Zeit auch das Absonderliche zum Alltäglichen wird, gewöhnte man sich an Elias. Anders als die Dorfbewohner, faul und träge, verschlagen und in gemeine Händel verstrickt, ist Elias gut.

Im Alter von zwölf Jahren wird er Blasebalgtreter an der fünfregistrigen Orgel zu Eschberg. Er schleicht sich des Nachts in die Kirche, um selbst das Orgelspiel zu üben. Elias hat die Hände des Organisten über das Manual huschen sehen und sich die Griffe längst eingeprägt. So dauert es nicht lang, da erfindet er Variationen über die Melodie eines Weihnachtsliedes. »Was ihn holprig tönte, glich er aus. Was ihn arm dünkte, füllte er mit Reichtum.«

Die Aufmerksamkeit der Eschberger dem merkwürdigen Knaben gegenüber hält gerade, so lange er an der Orgel sitzt. Freilich liest man auf ihren Gesichtern, daß etwas Unerhörtes über sie gekommen ist. Aber die Verwunderung ist nicht von Dauer, denn ein jeder geht bald wieder seinem Tagwerk nach.

Elias' große Stunde kommt, als Bruno Goller, Domorganist zu Feldberg, sein geniales Talent erkennt und ihn zu einem Orgelfest einlädt. Und Elias triumphiert. »An der Leichtfüßigkeit der immer neu hinzutretenden Stimmen konnte man erahnen, daß Elias nicht mehr von dieser Welt erzählte.«

Auf dem Rückweg machte Elias an jenem Ort an der Emmer halt, wo er einst sein Hörerlebnis hatte. Er beschließt, nicht mehr zu schlafen. »Denn im Schlafe (...) liebe man nicht (...) Die Zeit des Schlafs sei also Verschwendung und folglich Sünde.« Ausgezehrt, von Halluzinationen heimgesucht, stirbt Elias, ohne je die Liebe Elsbeths erlangt zu haben.

Robert Schneiders Roman ist jener romantische Topos eigen, wie er sich auch in Patrick Süskinds *Parfum* und Mary W. Shelleys *Frankenstein* finden läßt: Der Suche nach Liebe folgt schließlich – nach dem Besinnen auf das Sein in der Einsamkeit – der Tod. Freilich bleibt festzustellen, daß sowohl Süskind als auch Shelley das soziale Milieu und das gesellschaftliche Interieur ungleich präziser beschrieben haben. Nichtsdestotrotz ist *Schlafes Bruder* ein über die Maßen erstaunlicher Roman.

Robert Schneiders Vorarlberg-Saga liest sich als ein Werk der Reife – geschrieben von einem Autor, der die literarischen Ehrungen nicht vor sich, sondern bereits hinter sich hat. Alle Welt wartet auf Süskinds großen Nachfolgeroman. Warten wir erst einmal auf Robert Schneiders nächste Welt.

Aus: Rheinischer Merkur, 25. 12. 1992.

IV Rezensionen zum Film

URS JENNY

Verlorene Liebesmüh

Die Almen rauschen, wie auch immer das klingen mag, der Bergbach plätschert, der Himmel blaut, das Gras steht hoch, und die Bienchen bestäuben die Blümchen. Endlich einmal ist es der schönen Elsbeth gelungen, den scheuen Elias, den sie so sehr liebt, aus dem Dorf hinaus ins Grüne zu locken, wo niemand scheel schaut, geradezu ins Paradies.

Da sitzt sie nun vor ihm auf der Wiese und strahlt und lockt und schmachtet, daß ihr Herzklopfen fast das Mieder sprengt – aber Elias, ungerührt wie ein Klotz, tscha, Junge, was ist denn bloß mit Elias los?

Wer jetzt denkt, der Elias habe vielleicht mehr für den schönen Peter übrig, Elsbeths Bruder, der ihn heimlich ebenfalls mit aller Glut anhimmelt, hat sich geschnitten. Da läuft schon gar nichts. Es ist nämlich nicht so, daß der Elias die Elsbeth nicht liebt, sondern ganz im Gegenteil: Seine Liebe zu ihr ist eine so totale, gewaltige, einzigartige und die Welt aus den Angeln hebende, daß sie sich nur in Musik angemessen zu exaltieren vermag. Über so niedere Klebrigkeiten wie Herzen und Kosen und Schnäbeln und Vögeln dünkt der Genius Elias sich erhaben. Das kann ja jeder! Elsbeth hingegen, ach Elsbeth.

Niemand werfe den ersten Stein auf die Arme, bloß weil ihr eine etwas kleinere Liebe wohl lieber wäre, näm-

Joseph Vilsmaiers Filmdorf

lich eine, die dich nicht am ausgestreckten Arm verhungern läßt, sondern irgendwie, du weißt schon wie, auch sattmacht. Elsbeth zerbricht daran, indem sie unter andere Männer gerät, und Elias erst recht – nur zelebriert er, zuletzt gänzlich durchgeknallt, den sexuellen Konsumverzicht als selbstmörderisch-heiligmäßiges Martyrium.

Schwere Ware. Der Film *Schlafes Bruder* handelt in manchem Sinn von großer Liebe und verlorener großer Liebesmüh; sein A und sein O ist die Liebe des Regisseurs Joseph Vilsmaier zu dem Roman *Schlafes Bruder* von Robert Schneider.

Vilsmaier, der Erfinder und alleinige Meister eines alpenländisch-rustikalen Neo-Heimatfilms, hat sein ganzes Glück mit Projekten gemacht, auf deren Chance die Branchen-Klugscheißer nichts geben wollten (*Herbstmilch*, *Rama dama*), und in Schneiders 1992 erschienenem Erstlingsroman begegnete ihm die Verlockung, noch einmal alles für einen Außenseiter zu wagen und gegen alle Welt recht zu behalten: größer und kühner als je, wahrhaft alpin, mit einem Gesamtkunstwerk.

Der (Drehbuch-)Autor vor Ort

Vilsmaier, der herrliche Querkopf, hat sich in dieses Buch einfach vernarrt. In der Geschichte des Wunderknaben Elias, der sich – im frühen 19. Jahrhundert – in der ärmlichen Öde und Weltabgeschiedenheit eines Vorarlberger Bauerndörfchens ganz autodidaktisch zu einem

Orgelvirtuosen und Komponisten ohnegleichen entwickelt, fand er das Pathos des Überlebensgroßen, Genialischen, das den Geist erhebt. Und dazu fand er in der
Liebe zwischen Elsbeth und Elias, die nicht zusammenfin-
den, obwohl Gott selbst sie »von Ewigkeit her« einander
zugedacht hat, das Sentimentale, das die Herzen rührt.
Kann man mehr verlangen?

So hat Vilsmaier an nichts gespart, um seinem Film
Größe zu geben. Breit und füllig, auch mit angemessener
Dumpfheit und Düsternis, malt er den Alltag des
Bergdörfchens aus, dessen Wohl und Wehe untergründig-
unheilvoll mit dem Schicksal der Liebenden verknüpft ist.
Mit Schwung jagt er seine Kamera über die Alpen, um
Bilder des Glücks zu gewinnen. Und mit sich mächtig tür-
menden Montagen macht er Visionen aus jenen meta-
physischen Hörstürzen, wo seinen Helden die Sphären-
musik der Schöpfung selbst durchdringt. Das ist nicht
gekleckert, sondern geklotzt: Respekt, lieber Vilsmaier!

Nur muß nun leider auch heraus: Es hat alles nicht
geholfen; die Quantität will störrischerweise partout
nicht in Qualität umkippen; die kinematographische Of-
fensive bleibt erschlagend, wird nicht überwältigend und
erhebend.

Vielleicht hat die Liebe, die blind macht, Vilsmaier ver-
kennen lassen, daß Schneiders betörend eleganter Roman
auch ein gleisnerisches Blendwerk ist. Mit schönen Worten läßt sich manches leichthin bis an den höchsten Himmel hinauf behaupten, was dann auf Breitleinwand und
in digitalem Dolby-Surroundton nur angestrengt, hohl
und dröhnend daherkommt.

Und vielleicht hat auch Schneider selbst als Drehbuchautor sich allzu nachgiebig den sogenannten Kino-Spielre-
geln gebeugt. Elias, dem im Buch eine monströse Körper-
lichkeit eigen ist, erscheint zum engelhaften Schwärmer
verhübscht, und den zentralen Teil seiner Geschichte mit
Elsbeth und Peter, der im Roman in der Kindheit spielt,
macht der Film zu einem Drama zwischen Erwachsenen.

André Eisermann (Elias), Dana Vávrová (Elsbeth) und

Ben Becker (Peter) agieren mit jener Intensität, in der sich beträchtlicher Leidens- und Leidenschaftsdruck äußert. Sie sind nicht nur schön, sondern an sich auch sehenswert, ihr Rollenschicksal aber, Gott sei's geklagt, zwingt sie in einen exorbitanten Krampf. Gewiß, *Schlafes Bruder* ist ein Gesamtkunstwerk, aber doch nur das Neuschwanstein des Heimatfilms.

Das weltmarktmaßgebliche Fachblatt »Variety« stimmt Fanfaren an und gibt *Brother of Sleep* die Chance, zum größten deutschen Kino-Welterfolg seit *Das Boot* zu werden. Dies Wort aus Hollywood in Gottes Ohr.

Aus: Der Spiegel, 40/1995.

HANS-DIETER SEIDEL

Komm, o Tod und führe mich nur fort

Der Anstieg in das Hochtal ist äußerst beschwerlich. Die Luft, drückend vom Regen, preßt auf die Lungen. Gesteinsbrocken und reißende Wasser schieben sich der Hebamme in den Weg, die sich mürrisch bergan kämpft und nicht nur an ihrem Gewand mit unzähligen Lagen Tuch und ihren Utensilien in der einen Hand zu schleppen hat, sondern auch noch an ihrem weit ausragenden Schirm in der anderen.

Gleich die erste Szene von Joseph Vilsmaiers Film *Schlafes Bruder*, die den Betrachter wie magisch in den archaisch anmutenden Mikrokosmos dieses Zeugnisses aus fremder Zeit zieht, ist ein Synonym für die außerordentlichen und im deutschen Kino rar gewordenen Anstrengungen, mit denen dem Bestsellerroman Robert Schneiders seine visuellen Entsprechungen geschaffen werden sollten. Das Geworfensein des Menschen unters Joch eines Schicksals, das nur Elend und Leiden kennt, ist das zentrale Motiv des Buchs, das bei seinem Erscheinen im Herbst 1992 von der literarischen Kritik als unfromme Heiligenlegende und höhnisches Andachtswerk klassifiziert wurde, »geschrieben im Geist skeptischer Aufklärung und durchwirkt von heißer Leidenschaft«, ein Raunen und Beschwören aus längst vergangenen Tagen.

Der künstlichen, in die Phantasie des Lesers konstruierten Welt des Romans muß der Film die pure Anschauung entgegensetzen, und um die nicht ins Mystische verdämmern zu lassen, hat der bayerische Regisseur, Kameramann und Produzent Vilsmaier sich für strenge Authentizität innerhalb des Fiktiven entschieden. Also Vorarlberg zu Anfang des neunzehnten Jahrhunderts, die grenzenlos enge Welt der Abgeschiedenheit eines Weilers namens Eschberg, wo inmitten von Mongoloiden, zwecks Lausabwehr geschorenen Buben und Inzüchtigen der von der Dorfgemeinschaft als Sonderling gemiedene Elias aufwächst und wegen seiner unerhörten musikalischen Begabung zum Objekt von Neid, Mißgunst und Spott wird. Die Schinderei in Dreck und Kälte, die Vilsmaier seinen Schauspielern zumutete, hat sich gelohnt: Physische und psychische Verstümmelung der Eschberger sind unmittelbar nachzuempfinden, die in den Hauptfiguren aufscheinende Apotheose der Trias Tod, Liebe und Kunst wird schlüssig aus urmenschlichem Geschehen begründet. Aufgestauter Haß entlädt sich gegen Unschuldige, Unbegreifliches wird verteufelt, Andersartiges als Widersetzlichkeit verstanden. Der szenische Reichtum der Details ist immens, die Natur in ihrer Abbildung den Menschen ein Widerpart. Die Emphase von Vilsmaiers *Stalingrad* trifft sich mit der hingebungsvollen Beobachtung seiner *Herbstmilch*.

»Das ist die Geschichte des Musikers Johannes Elias Alder, der zweiundzwanzigjährig sein Leben zu Tode brachte, nachdem er beschlossen hatte, nicht mehr zu schlafen«: Wie gleich im ersten Satz des Romans das gespaltene Leitmotiv anklingt, so faltet auch der Film, zu dem Robert Schneider selbst das Drehbuch schreiben durfte, das Versagen des Lebens vor der Kunst und das der Kunst vor dem Leben auf. Die Eschberger erkennen das Genie ihres Elias, können ihn aber nicht davor bewahren, gerade an seiner phänomenalen Musikalität zugrunde zu gehen. Und seine Liebe zur Musik, die sich im Rausch an der Orgel austobt, macht ihn sprachunfähig bei seinen Empfindungen gegenüber der Nachbarstochter Elsbeth. Es ist eine rührende Verstocktheit, die ihm die Zunge lähmt, und Vilsmaier findet dafür ein ebenso schlichtes wie schlagendes Bild: wenn Elias, für einen halben Tag mit Elsbeth in der Stadt Feldberg im Tal unterwegs, seiner Angebeteten heimlich eine Spieluhr kauft, sich dann aber außerstande zeigt, sie ihr tatsächlich zu schenken. So versäumt er diese ganze große Liebe. In einer Parallelmontage erlebt der Autodidakt Elias seine erste Offenbarung an der Orgel – die karge Kirche des Weilers scheint sich zur Kathedrale zu weiten –, während Elsbeth, ohne Hoffnung mehr auf Elias, sich in einer Scheune dem Bauernlümmel hingibt, dem sie von den Eltern vor langem zur Hochzeit versprochen worden war.

In das Tosen der Klangwetter und Klangwüsten, die der Roman beschwört und der Film, nicht zuletzt dank der Bach-Kantate »Kömm, o Tod, du Schlafes Bruder«, grandios einlöst, bricht, verstörend für Elias, der Herzschlag Elsbeths und ihres Liebesspiels, das eher einer Vergewaltigung gleicht. Schon einmal hatte sich dieses elementare Hörwunder ereignet, als der heranwachsende Bub seine musikalische Initiation erfuhr und das Tönen des Universums sich in seiner Ohrmuschel konzentrierte: im Summen des Bluts, im Fallen eines Blatts, im Dröhnen der Gedanken, im Schall der Sonne, im Wehschrei aller Kreatur – und als Wurzel der Liebe im Herzschlag eines noch ungeborenen Kindes, Elsbeths.

Die heikle Szene meistert der Film mit Anstand und dem Geschick der Komponisten Norbert J. Schneider und Hubert von Goisern sowie dem der auf einem Dutzend

Tonspuren voller nie gekannter Geräusche hexenden Techniker. In seiner Annäherung an die Kakophonie, ohne ihr zu erliegen, leistet der Film im ursprünglichen Wortsinn Unerhörtes. Der psychologische Schlüssel zum Verständnis aber verbirgt sich mehr noch als in der unerfüllten Sehnsucht von Elias und Elsbeth nach Gemeinsamkeit in der homoerotisch gefärbten Spielart einer unmöglichen Liebe. Denn stärker als die junge Frau ist Elsbeths Bruder Peter dem Elias verfallen, dessen Genie er unbedingt zu fördern und zugleich um des eigenen Vorteils willen zu hemmen sucht. Für ihn macht Peter sich zum Brandstifter und indirekt zum Mörder, als die Dorfwut einen Schuldigen sucht und ihn im Köhler Michel gefunden zu haben glaubt, der mit Reisig auf einem Karren festgezurrt und lebendigen Leibs verbrannt wird.

Vilsmaiers Zugriff auf den Stoff und die Bravour der Effekte sind eine Wucht, sein Vermögen ist bemerkenswert, die Staffage der Laiendarsteller, wobei vornehmlich der undenunziatorische Umgang mit den Mongoloiden besticht, über den Rang der Statisterie hinauszuheben und mit den bis in die winzigen Nebenrollen exzellenten Schauspielern zu einem großen Ensemble zu verschmelzen. André Eisermann glüht nach seinem Kaspar Hauser zum zweitenmal geradezu als Außenseiter, Dana Vávrová ist als Elsbeth nicht nur Getriebene, sondern mindestens so sehr hilflos Treibende, und Ben Beckers Feuer brennt dem Rotschopf Peter eine Intensität ein, die ihn – darin dem Roman unterschieden – insgeheim zur Hauptfigur macht.

Schlafes Bruder, fremd und ergreifend im Kino, gleicht einer unfrommen Liturgie, die bannt, aber auch auf Distanz hält. Vilsmaier hat das Geschehen vollkommen der fernen Zeit überantwortet. Die Analogien ins Heute sind alleine dem Zuschauer aufgetragen.

Aus: Frankfurter Allgemeine Zeitung, 5. 10. 1995.

Grandios georgelt

Vor großen Filmen mit kleinen Augen zu sitzen, ist das eine Spezialität von Kritikern? Man könnt' es meinen, aber es stimmt nicht. Nein, wirklich klein werden die Augen von *deutschen* Kritikern eigentlich bloß, wenn es ein *deutscher* Film ist, der uns groß aufspielen will. Dann vergessen wir augenblicklich, wie bereitwillig wir sonst uns unterhalten lassen vom blanken Effektenkino, von den naivsten Hollywood-Märchen; selbst die Künstlichkeiten einer vom Computer animierten Welt stören dann nicht, Hauptsache, das Zeug ist augenbetörend gemacht. Jetzt aber Kinoware, made in Germany: da sieht unser zusammengekniffenes Auge sofort im Großspektakel den Schwulst, den Kitsch, die bombastische Lachhaftigkeit. Je höher der Regisseur seinen Stoff stemmt, desto niedriger denken wir Analytiker von seiner Leistung. Der Argwohn wider den Schaugenuß – endlich kann er sich, wieder mal, in eitel Einwänden üben.

Und er, der Joseph Vilsmaier, hat diesen Argwohn seit je zu spüren bekommen, schon seit der *Herbstmilch* – gleich galt er als kraftmeiernder Heimatfilmregisseur, als Naturalist mit Hang zu Kuhdung, gabelwetzenden Bauernballaden, leinwandtränkender Blutsauerei. Gegen die Zitation solcher Dorfweltsagen wehrt sich unser intellektueller Witz: Wer uns mundartlich kommt, den nehmen wir in Verdacht, insgeheim mit der heilen Welt im Bunde zu sein. Auch *Schlafes Bruder*, Vilsmaiers neuer Film mit jener vorgestrigen Alpendörflermär vom jungen Musikgenie Elias, in dessen Blut es so grausig sphärenverschworen braust, ist suspekt: Was soll der Kitsch?

Tatsächlich läßt sich in der knorrigen Urtümlichkeit dieser raunenden Hinterwelt-Saga, in die das Unfaßliche, pfingst-wundersam Erleuchtende dreinfährt, viel Kitsch bemerken. Nur ist es – gaffend, staunend geben wir's zu – Kitsch der grandiosen, der augüberwältigenden Art. Vilsmaiers Regiebravour setzt uns Bilder vor, ungeheuerlich schön, in dramatischer Ballung, dann wieder zerfließend wie eitel Traum – schon zu Beginn das Wolkengebrodel über den Firngebirgen, der Kraxenträger, mönchisch verglatzt mit abstehenden Ohren, das Weib mit Schutenhütl und biedermeierlich lichtem Schirm, wuchtig fährt die Kamera auf die Gipfelwelt zu, die graue und grause, dann Details, bachumplätschert, riesig der nackerte Fuß, rotgequollen – und alsbald die Niederkunft, tierisch schreit sich das Weib die Seele aus dem Leib, in dumpfer Stube versammelt sind Erzeuger, Hebamme nebst Gesinde, blitzumzuckt, denn draußen toben die »Elemente«, recht zum Kreuzeschlagen – spektakulär ist das, jawohl, und wenn man will: auch grandioser Kitsch.

Vilsmaier Film folgt Robert Schneiders gleichnamigem Roman (dessen Diktion, sofern man sie – wie unsereiner – noch nicht zur Kenntnis genommen hat, nach diesem Film auch schwerlich adäquat erschlossen werden kann) – folgt ihm, und macht doch ganz was Eigenes daraus, einen wahren Visualisierungszauber, lauter Gesichte: zum Beispiel dieses verzückte, tönehörende Antlitz – plötzlich alpentalfüllend, Wangen und Wiesen gehn sanft ineinander, das Blutpulsen dann, die treibenden Wasser, das kreisende Ohr, und wie der keusche Knabe sich sonnt auf dem Felsblock am Fluß, die Welt wirbelt, der Kosmos beginnt zu brausen, zu brüllen – Vilsmaiers Kamera fängt das ein, so suggestiv wie elementar, in ruckelnden Schnitten, überblendungstoll – eine magische Wirklichkeit, wie sie dermaßen dräuend letztmals vielleicht ein Polanski beschworen hat, der freilich mit andrem satirischem Witz.

Witz, lieber Himmel, fehlt Vilsmaier ganz – all die augenblöden Inzucht-Idioten, die geifernden, mongoloid stierenden Deppen, der immerbesoffene Zottelhaarpfarrer, welcher bereits vor Meßbeginn den Ite-missa-Segen erteilt, der knöcherne Knecht, der Orgellehrer am Hanfseil, ach, und Elsbeth, das »heiße« Weib in seinem kaumgezügelten Geschlechtsrasen, welches nimmer seinen Elias einfangen kann, weil der verloren ist an die Musik, den Traum, an *Schlafes Bruder*, liebefern: all das will ernstgenommen sein, item, als eine archaischklumpschwarze Geschichte, verbreughelt und dumpf. Deren Erzählstoff reicht hinunter, hinauf in eine Zeit, als man das Holz in Klaftern gemessen und das Gesinde nach Gulden und Kreuzern bezahlt hat und die Mordbrennerei beinah quartalsmäßig im Schwange war im Tiroler Dörflerdasein, genau wie der Wunderglaube, das Lüftlsirren, das Erdkreißen. »Mit dem Elias stimmt was nicht«, ahnt die Mutter und fügt faustballend hinzu: »Wann er mich anschaut, friert's mich ...« Je nun, »der Teufel, sagt man, hat einen kalten Samen« – Elias, der widdergestirnte mit seinem Haargelock, das ihm wie Bockshorn hinter den Ohren absteht, Elias (André Eisermann), der düster-verschlossene Bursche, dem das Auge in Lichtwechseln schimmert und, nach dem Felsblock-Mirakel am Fluß, urplötzlich honiggelb leuchtet, kann Menschen nicht lieben: nur seine Kunst. Drum buhlt sein Freund aus frühesten Heuschobertagen (mit sprossendem Rotbart, eine zartverstoppelte Seele: Ben Becker) um ihn so vergebens wie Elsbeth (dorfhexenschön: Dana Vávrová) – Elias, das Naturgenie, wiewohl das Notenlesens unfähig, wird endlich sich nunmehr dem Orgelspiel weihen, in einem Wettbewerb vor großem Domesvolk bläst er präludientoll, in wildwüster Tokkatenspielerei scheinbar irrwirr sich verlierend, den konkurrierenden Herrn Registrator regelrecht von der Empore – »Vivat!« schreit da das Kirchenvolk, und um ein Haar schreit das Kinopublikum mit, so sehr ist es angerührt von diesem Gefühlskino par excellence.

Einwände lassen sich denken, trotzdem: ein starkes Stück. Vilsmaier erschließt dem deutschen Kino eine Dimension, die endgültig verloren schien – an Hollywood. Bei aller Schollenschwere ein vibrierend atemloser Film, der den Besucher weder visuell noch auditiv zur Ruhe kommen läßt – erhaben über den Verdacht, bloß auf der Esoterikwelle mitzuschwimmen, setzt Vilsmaiers Siebzehn-Millionen-Projekt die Fabel vom hellhörigen, hellsichtigen Einfaltskünstler betörend ausdrucksstark in Szene – mit schwebender, adlergleich kreisender Kamera, grausig schnell im Zustoß.

Aus: Stuttgarter Zeitung, 5. 10. 1995.

Foto: Gaby Waldek, Leipzig

Zur Biographie Robert Schneiders

1961 in Bregenz (Österreich) geboren, wuchs in einem Bergdorf in den rheintalischen Alpen auf, wo er heute als freischaffender Schriftsteller lebt.

1981–1986 Studium der Komposition, Kunstgeschichte und Theaterwissenschaft in Wien.

1990 Abraham-Woursell-Award, ein amerikanisches Privatstipendium zur Förderung junger europäischer Autoren, für die Arbeit an *Schlafes Bruder*. Filmdrehbuchpreis des ORF für sein Drehbuch *Die Harmonien des Carlo Gesualdo*.
Landespreis für Volkstheaterstücke des Landes Baden-Württemberg für sein Stück *Traum und Trauer des jungen H.* (Uraufführung am 20. 11. 1993 im Schauspielhaus in Hannover).

1992 *Schlafes Bruder* erscheint im Reclam Verlag Leipzig.

1993 *Dreck* erscheint im Reclam Verlag Leipzig, Uraufführung am 10. 1. im Thalia Theater in Hamburg. Der dramatische Monolog *Dreck* wird zum meistgespielten Theaterstück der Saison (mehr als 30 Inszenierungen).
Dramatikerpreis der Potsdamer Theatertage.
Alemannischer Literaturpreis.
Robert-Musil-Stipendium der Stadt Wien.

Die Zeitschrift »theater heute« wählt den Autor zum Nachwuchsdramatiker des Jahres.
Schlafes Bruder wird als Ballett im Pfalztheater Kaiserslautern aufgeführt.
In Dänemark und Schweden erscheinen die ersten Übersetzungen von *Schlafes Bruder*. Nach und nach werden über 20 Lizenzverträge für fremdsprachige Ausgaben geschlossen.

1994   Literaturpreis der Salzburger Osterfestspiele.
Prix Médicis Etranger (Frankreich).

1995   Marieluise-Fleißer-Preis der Stadt Ingolstadt.
Premio Itas del Libro di Montagna (Italien).
Premio Grinzane Cavour (Italien).
Joseph Vilsmaiers Verfilmung von *Schlafes Bruder* kommt
im Herbst ins Kino; Nominierung für den »Oscar«.

Zuletzt: